Hungry Husky's International Home Cooking & Sweets Book

おうちで海外ごはん&お菓子BOOK

世界**15**か国のとっておきの**92**レシピ

ハングリーハスキー 著

KADOKAWA

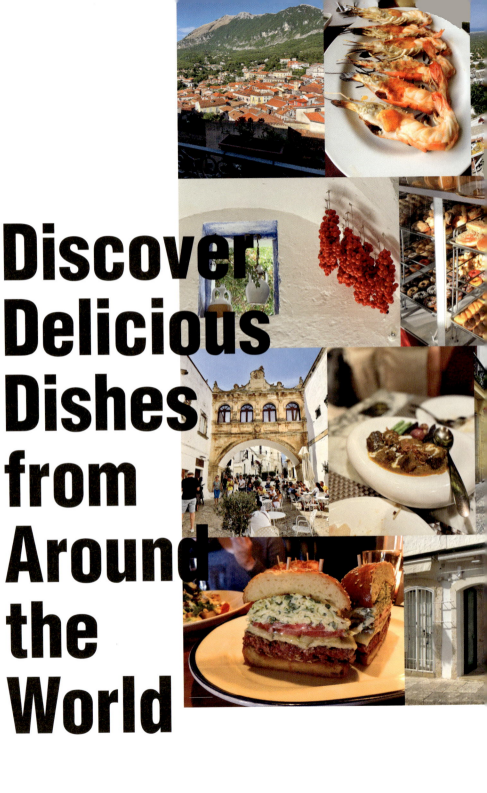

Discover Delicious Dishes from Around the World

Try, love, and repeat. Your kitchen, your world

はじめに

僕は日本人の父とスイス人の母のもと、アメリカとイギリスで育ちました。

僕が初めて料理をした思い出は、
4歳のときにスイスのおばあちゃんと一緒にクッキーを焼いた、
とても楽しかった思い出です。
僕の母は、家族のために毎日洋食や和食を作り、
父も僕に和食の作り方を教えてくれました。
僕は家族のために夕食を作る母をよく手伝っていて、
これらの経験が僕の料理への情熱となっています。

プロのシェフとして働いたことはありませんが、
僕も妻も世界中のさまざまな料理を食べることが大好きなので、
僕はいつも美味しそうだなと思う料理にチャレンジして、
さまざまなレシピを研究しています。

この本には、僕が家族から受け継いだレシピ、
さまざまな国に住んでいるときに作り方を学んだレシピ、
そして世界中を旅して食べた僕のお気に入りの料理のレシピなど、
イギリスやアメリカをはじめ、ヨーロッパ、中東、アジアに至るまで、
世界の料理を集めました。
どれも日本のスーパーで手に入る食材で現地の味になるレシピを考えています！

おうちで海外の料理を作るのは思っているよりもはるかに簡単です！
ぜひ、家族を感動させる料理、友人とのディナーパーティーの料理、
パートナーとのロマンチックな食事を、この本をヒントに作ってほしいと思います。

そして世界中の美味しいレシピを共有すると同時に、
僕は料理の楽しさを通じて英語を学ぶ機会になってくれたらと思っているので、
この本にもところどころコラムや英文のレシピを入れています。
英文レシピには僕の英語の音声がついているので、調理しながら聞いてみてください。
読んで、聞いて、食べて、より海外と海外料理を身近に感じてもらえると嬉しいです！

ハングリーハスキー

Contents

- 5 　はじめに
- 10 　日本で買える いっきに海外料理の味になる材料

Chapter 1
Breakfast, Brunch & All-day Recipes
朝食、ブランチ、一日中楽しめるレシピ

- 14 　🇬🇧 フルイングリッシュブレックファスト｜イギリス
- 16 　🇺🇸 アメリカンブレックファスト｜アメリカ
- 18 　🇺🇸 チキンサラダサンドイッチ｜アメリカ
- 20 　🇺🇸 グリルドチーズサンドイッチ｜アメリカ
- 21 　🇺🇸 ツナメルトサンドイッチ｜アメリカ
- 22 　🇮🇹 カプレーゼサンドイッチ｜イタリア
- 23 　🇺🇸 チョップドサラダサンドイッチ｜アメリカ
- 24 　🇺🇸 エッグベネディクト｜アメリカ
- 26 　🇫🇷 ガーリックコンフィ｜フランス
- 26 　🇦🇺🇺🇸🇬🇧 アボカドトースト｜オーストラリア、アメリカ、イギリス
- 28 　卵、ベーコン、チーズのタルト｜ヨーロッパ
- 30 　🇨🇭 ハムクロワッサン｜スイス
- 32 　🇮🇱 シャクシューカ｜イスラエル、レヴァント
- 34 　🇲🇽 チラキレス｜メキシコ
- 36 　🇹🇷 チュルブル｜トルコ

Chapter 2

Appetisers, Salads & Soups
前菜、サラダ、スープ

- 38　🇺🇸 フライパンナチョス｜アメリカ
- 40　🇮🇹 ズッキーニカルパッチョ｜イタリア
- 40　🇮🇹 マッシュルームカルパッチョ｜イタリア
- 42　🇲🇽 エスキーテス｜メキシコ
- 43　🇲🇽 ワカモレ｜メキシコ
- 44　フムス｜中東
- 45　🇱🇧 ババガヌーシュ｜レバノン
- 46　🇺🇸 逆さまパイ｜アメリカ
- 48　🇮🇹 ローストトマトタルト｜イタリア
- 49　🇮🇹 ブルスケッタ｜イタリア
- 50　🇹🇭 ラープ・ムー｜タイ
- 52　🇺🇸 ケールとチキンのピーナッツビネグレットサラダ｜アメリカ
- 54　🇺🇸 タコサラダ｜アメリカ
- 56　🇺🇸 クスクスサラダ｜アメリカ、北アフリカ、ヨーロッパ
- 58　🇬🇷 ギリシャサラダ｜ギリシャ
- 59　🇫🇷🇮🇪🏴󠁧󠁢󠁷󠁬󠁳󠁿 長ねぎとじゃがいものポタージュ｜フランス、アイルランド、ウェールズ
- 60　🇺🇸 ローストトマトスープ｜アメリカ
- 61　🇫🇷 ピリ辛かぼちゃとココナッツのスープ｜フランス
- 61　🇺🇸 塩バター焼きかぼちゃの種｜アメリカ
- 64　🇪🇸 ガスパチョスープ｜スペイン

Column
- 66　英語でCooking

Chapter 3
Mains & Side Dishes
メイン、サイドディッシュ

68	🇺🇸 ダブルチーズバーガー	アメリカ
68	🇺🇸🇫🇷 フライドポテト	アメリカ、フランス
70	🇺🇸 ミニスロッピージョー	アメリカ
72	🇮🇹🇺🇸 バルサミコミートボール	イタリア、アメリカ
74	🇬🇷 ギリシャハンバーグ	ギリシャ
76	🇺🇸 KFC風フライドチキン	アメリカ
76	🇺🇸 コールスロー	アメリカ
78	🇺🇸 チキンパルミジャーナ	アメリカ
80	🇺🇸 バッファローウイング	アメリカ
82	🇹🇭 タイ風チキンサテーとピーナッツソース	タイ
82	🇹🇭 タイ風漬物	タイ
84	🇬🇷 スブラキ(ギロ)のフラットブレッドラップ	ギリシャ
86	🇨🇭 豚肉のクリーム煮	スイス
88	アジア風スペアリブ	東南アジア
90	🇺🇸 プルドポークサンドイッチ	アメリカ
92	🇦🇹 ウインナーシュニッツェル	オーストリア
94	🇫🇷🇨🇭 ヴォル・オ・ヴァン	フランス、スイス
96	🇬🇧 ビーフ・ウェリントン	イギリス
96	🇬🇧 ローストポテト	イギリス
100	🇹🇭 パナンカレー	タイ
102	🇺🇸 フィリーチーズステーキサンドイッチ	アメリカ
103	🇮🇹 レモンとソーセージのニョッキ	イタリア
104	🇬🇧 フィッシュ&チップス	イギリス
106	レモンヨーグルトソースのサーモンステーキ	ヨーロッパ
106	ガーリックライス	アジア
108	🇺🇸 キャベツステーキ	アメリカ
110	なすとごまヨーグルトソース	ヨーロッパ
111	🇺🇸 ローストズッキーニ	アメリカ
112	🇺🇸 クリスピーマッシュドポテトサラダ	アメリカ
114	🇨🇭 レシュティ	スイス
115	🇮🇹 バルサミコとはちみつのロースト芽キャベツ	イタリア
116	🇺🇸 カリフラワーステーキ	アメリカ
118	🇺🇸 ケールチップス	アメリカ
118	ポテトチップス	
118	スイートポテトチップス	
120	🇺🇸 チキンアルフレッドパスタ	アメリカ
122	🇺🇸 マカロニチーズ	アメリカ
124	🇮🇹🇺🇸 ペンネ・アラ・ウォッカ	イタリア、アメリカ
126	🇮🇹 ケールジェノベーゼパスタ	イタリア
128	🇺🇸🇫🇷 フレンチオニオンパスタ	アメリカ、フランス

Column
- 130 いっきに海外風になる調味料
- 131 🇺🇸🇬🇧 ベーコンジャム | アメリカ、イギリス
- 132 レシピの中に出てくる調味料と、その他の活用法

Chapter 4
Baked Goods & Desserts
焼き菓子、デザート

- 134 🇨🇭 チョコレートブラウニー｜スイス
- 136 🇺🇸 バナナブレッド｜アメリカ
- 138 🇺🇸 レッドベルベットカップケーキ｜アメリカ
- 140 🇨🇭 スイスアップルパイ｜スイス
- 142 🇺🇸 チョコチップクッキー｜アメリカ
- 142 🇺🇸 ココナッツクッキー｜アメリカ
- 144 🇺🇸 スモアクッキー｜アメリカ
- 146 🇬🇧 フラップジャック｜イギリス
- 148 🇺🇸 ライスクリスピートリート｜アメリカ
- 150 🇺🇸 レモンクッキー｜アメリカ
- 152 🇬🇧 アップルクランブルとカスタード｜イギリス
- 154 🇺🇸 ミックスベリーとチョコレートのヨーグルトアイス｜アメリカ
- 156 🇬🇧🇫🇷🇺🇸 キャロットケーキ｜イギリス、フランス、アメリカ

Column
世界のデザートドリンク

- 158 🇮🇹 クレーマ ディ カフェ｜イタリア
- 159 🇲🇽🇺🇸 ピリ辛とろとろホットチョコレート｜メキシコ、アメリカ
- 159 🇺🇸 パンプキンスパイスラテ｜アメリカ

表記のルール

・大さじ1は15mL、小さじ1は5mLです。少々は親指と人さし指の2本の指でつまんだ量、ひとつまみは親指と人さし指と中指の3本の指でつまんだ量が目安ですが、個人差があるので味を見ながら調節してください。

・野菜は水洗いし、作り方に表示がなければ皮をむき、種やヘタを取り除いて調理してください。

・火加減は特に記載のない場合は中火で調理してください。

・電子レンジの加熱時間は600Wを基準にしています。機種によって加熱具合に差があるため、食材の様子を見ながら使用する電子レンジに合わせて加熱時間を調節してください。

・オーブンの温度と時間は、電気オーブンを基本にしています。機種によって焼き具合に差があるので、レシピの温度と時間を参考に、様子を見て調整してください。また、ご家庭のオーブンが2段の場合、上段をご使用ください。

・材料にあるオリーブオイルは「エクストラバージンオリーブオイル」を、パルメザンチーズは「パルミジャーノ・レッジャーノ」のブロックをすりおろして使用しています。

・こしょうは、指定がない場合、黒こしょうの実をペッパーミルで挽いて使用しています。

・バターは食塩不使用のものを使用しています。

・炒め油やバター、トッピングや添えたものなどは材料の中に入っていないものもあります。レシピに表記されている分量を参考にしてください。

・海外のごはんのため、1人分の分量が通常よりやや多い場合もあります。

日本で買える
いっきに海外料理の味になる材料

海外料理には、普段あまり使わない材料がいくつか出てきますが、安心してください。この本の料理は、どれも日本で手に入る材料で作っています。その一部をご紹介します！もし近くのスーパーで見つけられなかったら、輸入食材店やインターネットで探してみてください。特にハーブやスパイスは、入れるとぐんと海外風の味になります。

ベイクドビーンズ
白インゲン豆をトマトソースで煮込んだ、イングリッシュブレックファストの定番料理。温めるだけでOK。

ギリシャヨーグルト
一般的なヨーグルトから水分を取り除いたかためのヨーグルト。この本では、主にソースの材料として使用。

サワークリーム
生クリームを乳酸菌で発酵させた乳製品。生クリームと比べるとさっぱりとした軽い口当たりが特徴。

冷凍パイシート
パイ生地を使った料理やお菓子が簡単に作れる冷凍タイプのパイシート。この本では、11×19cmのものを使用。

ハラペーニョ
メキシコが原産の青とうがらしでピリ辛な味わい。この本ではピクルスタイプのスライスのものを使用。

ホットソース
とうがらしが原料の辛いソース。この本では「チョルーラ ホットソース」を使用している。

三温糖
海外で使われる「ブラウンシュガー」が日本では手に入りにくいため、この本では三温糖で代用している。

シーソルトフレーク
海水が原料のフレーク状の塩。粒が大きく、まろやかな旨みとサクッとした食感が特徴。この本ではお菓子に使用。

エシャロット
小玉ねぎの一種で、フレンチの食材でよく使われる。ない場合は、赤玉ねぎで代用してもOK。

チリパウダー
赤とうがらしをベースにさまざまなスパイスやハーブを混ぜ合わせた粉。メキシコ料理や肉料理によく使われる。

パプリカパウダー
パプリカを粉末にしたもので、料理の色や風味づけに使われる。色は真っ赤だが、辛味はなし。

クミンパウダー
クミンシードをパウダー状にしたもの。カレーやチリコンカンなどに欠かせないスパイス。

オレガノ
爽やかかつ強い香りと野性的な風味のドライハーブ。肉や魚の臭い消しによく使われる。

粉からし
この本では水分を加えて練らずに、粉状のまま使用。もちろん、マスタードパウダーでもOK。

粒マスタード(左)、ディジョンマスタード(右)
粒マスタードはからしの種子を残したマスタード。ディジョンマスタードは種子の外皮を取り除いたもので、なめらかな舌触りが特徴。

ハーブ類
ⓐ**ディル**／爽やかな香りが特徴。ヨーグルトを使ったソースと相性抜群。
ⓑ**ローズマリー**／肉や魚の臭いを消し、風味をアップするのにも役立つ。
ⓒ**タイム**／清涼感とほろ苦さが特徴。煮込み料理やオーブン料理に使用すると爽やかな風味がアップ。
ⓓ**パセリ**／刻んでソースに混ぜたり、仕上げにふりかけたり。爽やかなほろ苦さが特徴。
ⓔ**イタリアンパセリ**／パセリの一種で、葉が大きくて縮れていない。やわらかな食感。
ⓕ**バジル**／爽やかな香りのシソ科のハーブ。トマトを使った料理と相性抜群。
ⓖ**パクチー**／エスニック料理に欠かせない、独特な強い香りが特徴のハーブ。コリアンダー、シャンツァイとも呼ばれる。

English Audio > p.12

／このマークが目印！＼

Recipes in English
英語でCooking！

この本には、英語レシピを掲載している料理があります。
日本語のレシピと読み比べながら英語表現を学んでみてください。
また英語レシピには、ハングリーハスキーの英語音声もついています。
上記の二次元コードから聞きながら調理してみてください！
英語はイギリス英語です。

デザイン　小橋太郎(Yep)
撮影　野口健志
スタイリング　久保田朋子
撮影協力　UTUWA
調理補助　山下春佳
校正　麦秋アートセンター
執筆　須川奈津江
編集　宇並江里子(KADOKAWA)

Chapter 1

Breakfast, Brunch & All-day Recipes

朝食、ブランチ、一日中楽しめるレシピ

世界の朝食には、その国ならではの素晴らしい文化があると思います。Brunchは朝食を兼ねた昼食で、よく友人と午前11時くらいから午後3時くらいまでゆっくり楽しみます。サンドイッチなど朝食はもちろん、一日のどの時間でも楽しめるメニューは、All-day Recipesといいます。僕の一番のおすすめの朝食、フルイングリッシュブレックファストから中東の目が覚めるようなスパイシーな朝食まで紹介します。

Full English Breakfast
フルイングリッシュブレックファスト｜イギリス

🇬🇧 UK

人生の大半をロンドンで過ごした僕にとって、とても懐かしくて、当時の思い出を呼び起こしてくれる朝食メニューです。安くて量が多いため人気があり、「グリーシースプーンズ」として知られるイギリスのほとんどのカフェで食べることができます。また、一部のパブでは終日食事として提供されています。ソーセージは普通のソーセージの場合と、伝統的な豚の血で作ったソーセージであるブラックプディングで提供される場合があります。この朝食を作るときに、ベイクドビーンズは必須です。甘いトマトソースで煮込んだ白インゲン豆の缶詰なのですが、輸入食材店で探してみてください。

材料　1人分

ベイクドビーンズ
ベイクドビーンズ缶 — 1缶

ソーセージ
ソーセージ — 4本

グリルトマトとマッシュルーム
ミニトマト — 4〜5個
ブラウンマッシュルーム — 5〜6個
ローズマリー(生) — 1〜2本

目玉焼き
卵 — 2個

トースト
食パン — 1枚

作り方

1 鍋にベイクドビーンズを入れて弱火で2〜3分温める。

2 フライパンにバター大さじ1(分量外)を熱し、ソーセージをこんがりとするまで焼く。

3 マッシュルームは石づきを取る。フライパンをきれいにして、バターとオリーブオイル各大さじ1(分量外)を熱し、マッシュルームとトマトを並べ、ローズマリーを加え、4〜5分ずつ両面焼く。トマトは塩少々(分量外)をふる。

4 フライパンをバター大さじ1(分量外)を熱し、目玉焼きを作る。

5 パンをトーストし、バター(分量外)をぬる。

6 **1〜5**を器に盛り、お好みで刻んだパセリ(生・分量外)をちらす。

Ingredients & Instructions   Serves 1

🔊 English Audio > p.12

Baked beans
1 can of baked beans

Sausage
4 sausages

Grilled tomatoes and mushrooms
4-5 cherry tomatoes
5-6 brown mushrooms
1-2 sprigs of rosemary

Fried eggs
2 eggs

Toast
1 slice of bread

1 Put the baked beans in a pot and heat on low for 2-3 min.

2 Melt butter (1 tbsp) in a frying pan, fry the sausages until golden brown and cooked through.

3 Clean the mushrooms and cut off the stems. Clean the frying pan (or use another frying pan), melt the butter and add olive oil (1 tbsp each). Add the mushrooms, tomatoes, and whole sprigs of rosemary, fry for 4-5 min on each side. Sprinkle a little salt on the tomatoes.

4 Melt butter (1 tbsp) in a frying pan and make the fried eggs.

5 Toast a slice of bread and spread butter on it.

6 Arrange all the ingredients on a plate and sprinkle with chopped parsley if desired.

American Breakfast

アメリカンブレックファスト｜アメリカ

 USA

若い頃からずっと、アメリカ文化、そしてもちろんアメリカ料理に魅了されてきました！ 特にアメリカのダイナーの雰囲気と料理が大好きです。アメリカンブレックファストは世界でも最高の朝食のひとつだと思います。アメリカを訪れるたびに、ダイナーに食べに行ったり、地元の食材を使って自分で作ったりしています。甘いパンケーキと香ばしいベーコンの組み合わせは最高！ もちろん量が多いですが、とても満足できます！ フルイングリッシュブレックファストとアメリカンブレックファストと、どちらも同じくらい好きで、一番を選ぶのはとても難しいです！

材料 1人分

ベーコン
ベーコン ― 4〜5枚

ハッシュドポテト
じゃがいも ― 大2個
塩、こしょう ― 各少々

パンケーキ
バター ― 55g
薄力粉 ― 210g
グラニュー糖 ― 50g
ベーキングパウダー ― 小さじ1
重曹 ― 小さじ1/2
塩 ― ひとつまみ
卵 ― 1個
牛乳 ― 240mL
メープルシロップ ― 適量

スクランブルエッグ
卵 ― 3個

作り方

1 フライパンでベーコンをカリカリになるまで焼く。

2 **ハッシュドポテトを作る。** じゃがいもは皮をむき、スライサーでせん切りにし、ボウルに入れる。じゃがいもがかぶるくらいの水と塩小さじ1(分量外)を加え、5分浸したら水を切り、キッチンペーパーなどに包み、しっかりと水分をしぼる。フライパンにオリーブオイル大さじ1(分量外)を熱し、じゃがいもを丸く広げ平らにし、片面に焼き色がついたら裏返し、中に火が通るまで焼き、塩、こしょうをふる。粗熱が取れたら食べやすい大きさに切る。

3 **パンケーキを作る。** バターは耐熱容器に入れてふんわりとラップをかけ、電子レンジで50秒加熱し、溶かしバターにする(溶けない場合は、10秒ずつ追加で加熱)。ボウルに薄力粉をふるい入れ、グラニュー糖、ベーキングパウダー、重曹、塩を加え混ぜ合わせる。溶いた卵、牛乳、溶かしバターを加えてゴムベラでさっくりと混ぜ合わせる。フライパンにバターとオリーブオイル各大さじ1(分量外)を熱し、生地をお玉1杯分流し入れる。両面中に火が通るまで焼く。残りも同じように焼く。

4 **スクランブルエッグを作る。** 卵は溶き、フライパンにバター大さじ1(分量外)を熱して流し入れ、混ぜながら焼く。半熟の状態で取り出す。

5 1〜4を器に盛り付け、パンケーキにバター(分量外)をのせメープルシロップをたっぷりかける。

Chicken Salad Sandwich

チキンサラダサンドイッチ｜アメリカ

 USA

アメリカに住んでいる義母がこのレシピを教えてくれました。夕飯にコストコのロティサリーチキンやローストチキンを食べて、もし少し残ったら、次の日に作るサンドイッチです。アメリカの家庭では、残った鶏肉を細切りにして、数日間サンドイッチやサラダに使用することがよくあります。このレシピの美味しさの秘密はクランベリーとくるみを加えること。甘味と食感が加わって、美味しすぎてたまらない！ この組み合わせは、ぜひ試してみてほしい！

材料　2人分

食パン — 4枚
鶏もも肉(皮を除く) — 200g
　＊またはロティサリーチキン、
　　ローストチキンなど — 200g
セロリ — 1本
青ねぎ — 1本
くるみ(ロースト) — 50g
ドライクランベリー(またはレーズン) — 50g
イタリアンパセリ(みじん切り) — 大さじ2
A｜マヨネーズ — 150g
　｜粒マスタード — 大さじ1
　｜はちみつ — 大さじ1
　｜ガーリックパウダー — 小さじ1
　｜塩、こしょう — 各少々

作り方

1 鶏肉は塩、こしょう各小さじ$\frac{1}{2}$(分量外)をまぶし、フライパンにオリーブオイル適量(分量外)を熱して中に火が通るまで焼き、粗熱が取れたらフォークなどで細かくほぐす。
///POINT　市販のロティサリーチキンやローストチキンを使用してもOK。

2 セロリは、筋を取り [a]、薄切りにする。青ねぎは小口切りにする。くるみは砕く。

3 ボウルにAを入れて混ぜ合わせる。

4 別のボウルに1、セロリ、青ねぎ、くるみ、クランベリー、パセリを入れ、3を加えて混ぜ合わせる。

5 フライパンにバター大さじ1(分量外)を熱し、パンを両面焼く。弱火にして、1枚に4の半量をのせ、もう1枚のパンではさみ、さらに両面を1分ずつ焼いてフィリングを温める。残りも同じように焼く。半分に切る。

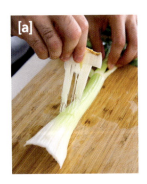

セロリのくぼんでいるほうに切り込みを入れ、裏返して反対側に折り、引っぱって筋を取る。

Grilled Cheese Sandwich

グリルドチーズサンドイッチ｜アメリカ

 USA

グリルドチーズサンドイッチは、アメリカの伝統的な家庭料理です。パン2枚の間にとろけるチーズをはさんだだけの、いたってシンプルなものですが、ボリュームたっぷり。トマトスープと相性抜群です。特に寒い日や雨の日、家で温まりたいときにおすすめです。軽食として食べることもできます。このグリルドチーズサンドイッチには、ピクルスなどの具材を入れたさまざまなバージョンがありますが、僕はチーズだけのシンプルなものが好きです。実は、イギリスでも人気があります。チーズは多ければ多いほど美味しいです！

材料　1人分

食パン — 2枚
チェダーチーズ(スライス)
　— 2枚(またはピザ用チーズ40g)

作り方

1 フライパンにバター大さじ1〜2(分量外)を熱し、溶けたらパン2枚を入れて焼く。焼けたら裏返して、1枚のパンの上にチーズをのせ、その上にもう1枚のパンの焼き面を下にしてのせてチーズをはさむ。

2 パンをフライ返しなどで押さえるようにしてきつね色になるまで焼く。裏返して、同じように焼く。半分に切る。
　　///POINT　チーズを溶かしやすくするためにふたをしてもよい。

Tuna Melt Sandwich

ツナメルトサンドイッチ｜アメリカ

 USA

外はカリカリ、中はとろけるようなツナメルトサンドイッチ。1960年代にサウスカロライナ州で、ボウルに入ったツナサラダがグリルドチーズサンドイッチの上に転がって偶然にできあがったといわれています。この話が本当かどうかはわかりませんが、伝統的なアメリカのダイナー料理であり、おうちで独自のバージョンが作られています。これは義母のレシピです。セロリとラディッシュの爽やかさとチーズのコクの絶妙なバランスが最高！パンは全粒粉がよく合うので、おすすめです！

材料　2人分

- 食パン（全粒粉）— 4枚
- ツナ缶（水煮）— 2缶
- ラディッシュ — 2個
- エシャロット — 2個（または赤玉ねぎ 1/2 個）
- セロリ — 1/2 本
- ピクルス（ガーキン）— 1本
- ピザ用チーズ — 70g
- A
  - レモンのしぼり汁 — 1/2 個分
  - マヨネーズ — 大さじ1と 1/2
  - ディジョンマスタード — 小さじ1
  - しょうゆ — 小さじ1
  - 塩、こしょう — 各小さじ 1/2

作り方

1 ラディッシュは輪切りにする。エシャロット、筋を取ったセロリ、ピクルスはみじん切りにする。それらと水を切ったツナをボウルに入れて**A**と混ぜ合わせる。

2 フライパンにバター大さじ1（分量外）を熱し、パンの両面をこんがりとするまで焼く。

3 パン1枚の上に**1**とチーズをそれぞれ半量のせ、もう1枚のパンをのせる。弱火にして、チーズが溶けるまで両面を焼く。残りも同じように焼く。半分に切る。

Italy

イタリアのカプリ島発祥のサンドイッチ。さっぱりとしてシンプルで、ヨーロッパ中でとても人気があります。イタリア人はおやつやランチとして自宅で作ります。僕は中学のときの修学旅行で訪れたローマで初めて食べて、好きになりました。個人的にはフォカッチャパンのタイプが好きですが、日本ではすぐに見つからないので、代わりにバタールを使いました。モッツァレラの代わりにブッラータチーズを使うと、クリーミーに。余ったジェノベーゼペーストはパスタやディップソースにも使えます。トマトに塩をふるのをお忘れなく！ それにより、さらに美味しくなります。

材料　1〜2人分

バタール（またはバゲット）— 1本
モッツァレラチーズ — 1個（100g）
トマト — 1個
バルサミコ酢 — 適量

ジェノベーゼペースト（作りやすい分量）
バジル（生）— 大1袋（約50g）
にんにく — 2片
松の実 — 大さじ3
パルメザンチーズ — 25g
オリーブオイル — 80mL
塩 — 小さじ1/2

作り方

1 ジェノベーゼペーストを作る。バジル、にんにく、松の実、パルメザンチーズをブレンダーにかける。細かくなったら、オリーブオイルを3回に分けて加えながら、なめらかになるまでブレンダーにかける。塩を加えてさらに混ぜる。
/// POINT　混ぜすぎると苦くなるので注意。

2 モッツァレラチーズは、キッチンペーパーで包み、水気を切る。トマトとモッツァレラチーズは5mm厚さの輪切りにする。バタールは横に切り込みを入れる。

3 バタールに1を適量ぬり、モッツァレラチーズ、トマトの順にのせ、トマトに塩少々（分量外）をふる。バルサミコ酢をふりかけ、さらにジェノベーゼペーストを適量かける。

Caprese Sandwich
カプレーゼサンドイッチ｜イタリア

🇺🇸 **USA**

チョップドサラダは、1950年代にビバリーヒルズの歴史あるレストラン「ラ・スカラ」で考案され、アメリカで最も人気のあるサラダのひとつです。ロサンゼルスをはじめ、いろんな地域でこのメニューを見ることができます。チョップドサラダサンドイッチは最近SNSで人気になりました。そして、これは僕のアレンジのサンドイッチです。作り方はとても簡単。冷蔵庫にある野菜、サラミ、チーズなどを組み合わせて、ドレッシングも一緒にチョップ（刻む）します。サンドイッチはもちろん、サラダとして単独で食べることもできます。

材料　1〜2人分

- バタール（またはバゲット）— 1本
- レタス — 3〜4枚
- セロリ — 1本
- ミニトマト — 6〜8個
- アボカド — 1個
- 赤玉ねぎ — 1/2個
- サラミ（薄切り）— 8枚
- モッツァレラチーズ — 1個（100g）
- ピクルス（ガーキン）— 1本
- **A**
  - マヨネーズ — 大さじ3
  - オリーブオイル — 大さじ1〜2
  - ディジョンマスタード — 大さじ1
  - 塩、こしょう — 各小さじ1/2

作り方

1 まな板にレタス、筋を取ったセロリ、トマト、皮と種を取ってスライスしたアボカド、薄切りにした赤玉ねぎ、サラミ、スライスしたモッツァレラチーズ、みじん切りにしたピクルスをのせる。その上に**A**をかけ、粗みじん切りにする[a]。

2 バタールは横に切り込みを入れ、**1**をはさむ。

Chopped Salad Sandwich
チョップドサラダサンドイッチ｜アメリカ

Eggs Benedict

エッグベネディクト｜アメリカ

🇺🇸 **USA**

このクラシックな朝食は、ニューヨーク発祥ともいわれており、今では世界中のホテルのメニューに載っています。初めてエッグベネディクトを食べたのはいつだったか思い出せませんが、おそらくこれが僕の一番好きな卵の食べ方です。休暇で訪れたホテルでこのメニューが載っていたら、必ず注文します！ そしてこの料理をとても美味しくしているのが、オランデーズソースです！ ハムは普通のハムを使ってもいいですが、プロシュートのほうが塩気が強く、卵のクリーミーさと酸味のあるソースとの絶妙なバランスが絶品なので、おすすめです。

材料 1人分

ポーチドエッグ
卵 — 2個
プロシュート — 2枚
イングリッシュマフィン — 1個
青ねぎ(またはパセリ) — 適量

オランデーズソース (作りやすい分量)
バター — 110g
A ┌ 卵黄 — 3個
　├ レモンのしぼり汁 — 1/2個分
　├ 水 — 大さじ2
　└ 塩 — 小さじ1/2

作り方

1 **オランデーズソースを作る。**バターは耐熱容器に入れてふんわりとラップをかけ、電子レンジで1分30秒加熱し、溶かしバターにする(溶けない場合は、10秒ずつ追加で加熱する)。**A**をブレンダーにかける。溶かしバターを少量ずつ加えてとろみがつくまでブレンダーにかける。
/// **POINT**　さめるまでおいておくと少しとろみが増す。どうしてもとろみがつかないときは、卵黄を追加して混ぜる。

2 **ポーチドエッグを作る。**ボウルの上にざるを重ね、卵を割り入れ、白身の水っぽい部分を取り除く。鍋に湯を沸かし、酢小さじ1(分量外)を加える。弱火にして箸でぐるぐると混ぜ、中央に卵1個を落とす。4分ほどで白身が固まり卵黄が半熟になったら取り出し、キッチンペーパーの上におき水気を切る。もう1個も同様に作る。

3 フライパンにオリーブオイル小さじ1(分量外)を熱し、プロシュートを片面1〜2分ずつ焼き、取り出す。同じフライパンで横半分に切ったイングリッシュマフィンの切った面を焼く。

4 器にマフィン、プロシュート、**2**の順にのせ、オランデーズソース適量をかけ、小口切りにした青ねぎ(またはみじん切りにしたパセリ)をのせる。

 English Audio > p.12

Ingredients & Instructions Serves 1

Poached eggs
2 eggs
2 slices of prosciutto
1 English muffin
Parsley or chopped
　spring onions to taste

Hollandaise sauce
(amount that is easy to make)
110g butter
A ┌ 3 egg yolks
　├ Juice of 1/2 a lemon
　├ 2 tbsp water
　└ 1/2 tsp salt

1 **Make the hollandaise sauce.** Melt the butter in a microwave-safe bowl, covered loosely with cling film, for about 1 min and 30 sec (If not completely melted, heat in 10 sec intervals as needed). Put all the ingredients listed in A into a blender. Add the melted butter in small amounts and blend until thickened.
TIP : The sauce should thicken a little as it cools down. If it remains too thin, add another egg yolk and blend.

2 **Make the poached eggs.** Place a sieve over a bowl, crack an egg into it, and drain the watery part of the egg white. Bring a saucepan of water to a boil and add vinegar (1 tsp). Turn the heat to low, make a whirlpool or vortex in the saucepan using chopsticks and drop the egg into the centre. Cook for about 4 min until the egg white is firm but the yolk is still runny. Remove and place on kitchen paper to drain the excess water. Do the same with the other egg.

3 Heat olive oil (1 tsp) in a frying pan , fry the prosciutto for 1-2 min on each side, and remove. Cut the English muffin in half horizontally, and using the same frying pan, toast cut side down until nicely browned.

4 Place the two halves of the English muffin on a plate, top each toasted side with prosciutto, and then the eggs, and pour a generous amount of hollandaise sauce over the eggs. Sprinkle some chopped parsley or spring onions on top.

Garlic Confit
ガーリックコンフィ

Avocado Toast
アボカドトースト

Garlic Confit

ガーリックコンフィ｜フランス

 France

コンフィとは、食材を低温の油でじっくりと煮た料理のことで、中世にまで遡るフランスの伝統的な調理法です。ガーリックコンフィは、オリーブオイルににんにくとハーブの風味が染み込み、パスタや肉料理など他のレシピにも使用できます。にんにくがやわらかくなり、ぬりやすく、また味もマイルドになり、パンにぬったり、サラダにかけたりするのに最適です。一度作ったら、密閉容器に入れて室温で保存しておけば、数か月間使用できます。

材料 作りやすい分量

にんにく(ホール) — 2個
オリーブオイル — 400mL
ローズマリー(生) — 1〜2本
タイム(生) — 1〜2本

作り方

1 オーブンは160℃に予熱する。

2 にんにくは皮をむき、オーブン可の深めの器に入れる。オリーブオイル、ローズマリー、タイムを加え、オーブンの中段で45分加熱する。さめたら保存容器に移し、ハーブ類を取り除く。

Avocado Toast

アボカドトースト｜オーストラリア、アメリカ、イギリス

  Australia, USA, UK

アボカドトーストはオーストラリアで発明されたといわれています。一説には日本にも数店舗ある、ビルズレストランの創設者、ビル・グレンジャーがこの料理を発明したともいわれています。とてもシンプルですが、とても美味しいです！ アメリカやイギリスでもとても人気があり、多くのカフェの朝食／ブランチメニューにあります。週末にカフェで友達とブランチをしたときのことを思い出します。アボカドトーストには、ラディッシュやスプラウトを加えたバージョンなどいろいろありますが、僕はガーリックコンフィとアボカドの組み合わせが一番好きです。

[a]

材料 1人分

カンパーニュ(スライス) — 2枚
アボカド — 1個
レモンのしぼり汁 — 1/2個分
塩、こしょう — 各小さじ1/2
ガーリックコンフィ(上記参照)
　— 適量

作り方

1 カンパーニュはトースターで焼く。

2 アボカドは半分に切り、種を取る。ボウルに実を入れ、フォークでつぶす。なめらかになったらレモン汁、塩、こしょうを加えて混ぜる。

3 1にガーリックコンフィとオイルを適量ぬり[a]、2を全体にのせる。お好みでフォークなどで模様をつける。

Egg, Bacon, Cheese Tart
卵、ベーコン、チーズのタルト｜ヨーロッパ

この料理、とても手間がかかっているように見えますが、実はとても簡単に作れます。レシピの由来はよくわかりませんが、母が教えてくれたから、ヨーロッパ風のレシピだと思います。冷凍パイシートに生クリームとチーズで作ったクリーミーなソースをかけて、卵と一緒にオーブンで焼きます。キッシュに似ていて、朝食や一日中いつでも食べることができるし、パーティーでシェアするのにも最適です。

材料 2〜3人分

冷凍パイシート(11×19cmのもの) ─ 4枚
ベーコン(ブロック) ─ 90g
生クリーム(乳脂肪分35%) ─ 150mL
ピザ用チーズ ─ 200g
パセリ(生・みじん切り) ─ 40g
卵 ─ 3個

作り方

1 ベーコンは2cm長さの細切りにする。フライパンにベーコンを入れ、カリカリになるまで炒め、キッチンペーパーに取り出しておく。

2 ボウルに生クリームを入れて泡立て器でとろみがつくまで混ぜ [a]、**1**、ピザ用チーズ、パセリを加えて混ぜ合わせ、冷蔵庫でひやす。

3 オーブンを180℃に予熱する。卵1個を溶きほぐす。

4 パイシートは室温で解凍し、クッキングシートを敷いた天板いっぱいに、端に溶き卵をぬって2cmほど重ねながら並べる [b]。生地のふちから2〜3cmのところに包丁で1周、下まで切らないように切り込みを入れ [c]、切り込みの外側に溶き卵をぬる。生地の上に**2**を広げ[d]、全体に塩、こしょう各小さじ$\frac{1}{2}$(分量外)をふる。

5 オーブンの中段で25分焼く。10分経ったら一旦取り出し、卵を2か所に割ってのせ、残りの時間を焼く。

[a]

[b]

[c]

[d]

Ham Croissant
ハムクロワッサン｜スイス

🇨🇭 Switzerland

子どもの頃から祖父母たちがいるスイスを訪れると、朝食にはいつもハムクロワッサンを食べていました。生クリームやチーズとハムで作るフィリングを巻いたクロワッサンで、スイスでとても人気があり、ほとんどのパン屋やスーパーで見つけることができます。朝食に、またはおやつとして食べる人もいます。これはスイス人の母のレシピで、冷凍パイシートを使うのでとても簡単に作れます。パーティーの前菜にも、子どもたちにも大好評です！ クロワッサンにはできるだけ多くハムフィリングを入れるようにしてください。焼くと詰め物が縮むからです。

材料　8個分

冷凍パイシート(11×19cmのもの) ― 4枚
卵 ― 1個

ハムフィリング
玉ねぎ ― 1個
ハム(薄切り) ― 8枚
パセリ(生・みじん切り) ― 10g

A ｜ ピザ用チーズ ― 20g
　　｜ 生クリーム(乳脂肪分45%) ― 大さじ2
　　｜ ディジョンマスタード ― 大さじ1
　　｜ 塩、こしょう ― 各小さじ1/2

作り方

1. **ハムフィリングを作る。** 玉ねぎはみじん切りにする。フライパンにバター大さじ1(分量外)を熱し、玉ねぎをきつね色になるまで炒め、取り出す。ハムは5mm四方に切る。ボウルに炒めた玉ねぎ、ハム、パセリ、Aを入れて混ぜ、冷蔵庫でひやす。

2. 室温で解凍したパイシートを対角線上に斜めに切って三角にし、めん棒などで2〜3mmの厚さにのばし、底辺の中央に2cmの切り込みを入れる。卵は溶きほぐす。

3. 2にフィリングをのせ、溶き卵をふちにぬり、底辺からしっかりと巻く[a]。巻き終わりを下にして、横のはみ出した生地を隙間ができないようにねじり[b]、クロワッサンの形にする。

4. オーブンを220℃に予熱する。3は冷蔵庫でひやしておく。

5. クッキングシートを敷いた天板にのせ、表面に溶き卵をぬり、オーブンの中段で焼き色がつくまで20分ほど焼く。

Easy Way
生地をクッキー型などで丸く抜いてフィリングをのせ、半分にたたんでフォークの先で生地をくっつけると簡単に成形できる。

Shakshuka

シャクシューカ｜イスラエル、レヴァント

Israel, Levant

シャクシューカはイスラエル発祥といわれており、中東やアフリカの朝食または昼食です。でも、アメリカやイギリスでも大人気です。僕が最初に食べたのはロンドンのおしゃれなカフェで、朝食／ブランチメニューにこの料理がありました。 見た目はインパクトがありますが、作り方はとても簡単です。トマトベースにスパイスが効いて、野菜や卵など、栄養も満点。トーストしたパンにオリーブオイルをかけて、卵を崩しながらつけて食べるのが最高です。フライパンのまま食卓に出すことができ、家族や友人とシェアするのにぴったりです。

材料　2〜3人分

玉ねぎ — 1個
赤パプリカ — 1個
にんにく — 2片
カットトマト缶 — 1缶 (400g)
卵 — 4個

A │ パプリカパウダー — 大さじ1
　　│ 砂糖 — 大さじ1
　　│ クミンパウダー — 小さじ1
　　│ 塩、こしょう — 各小さじ1
　　│ チリパウダー — 小さじ1/2

作り方

1 玉ねぎとパプリカはさいの目切りにする。にんにくは薄切りにする。

2 フライパン(直径26cm)にオリーブオイル大さじ1(分量外)を熱し、玉ねぎ、パプリカを炒める。しんなりしてきたら、にんにくとトマト缶を加える。トマト缶の水分が少ない場合は水200mL(分量外)を加える。

3 トマトをつぶし、**A**を加えて5分煮込む。
///POINT **A**のチリパウダーは少しずつ加え、好みの辛さに調整する。

4 火を弱めてくぼみを作り、そこに卵を割り入れる。ふたをして卵が半熟になるまで加熱する。卵に塩少々(分量外)をふり、お好みで刻んだパセリ(生・分量外)をちらし、パン(分量外)を添える。

Red pepperって？

このレシピにも出てくる赤パプリカ。パプリカは英語でなくハンガリー語でピーマンという意味です。イギリス英語でパプリカは「Red pepper (レッドペッパー)」といいます！ Pepperというとこしょうやとうがらしのような辛い感じがしますが、赤とうがらしはイギリス英語でRed chilli pepper (レッドチリペッパー)といいます！

Ingredients & Instructions　Serves 2-3

1 onion
1 red pepper
2 cloves of garlic
1 can (400g) chopped tomatoes
4 eggs

A │ 1 tbsp paprika powder
　│ 1 tbsp sugar
　│ 1 tsp cumin powder
　│ 1 tsp each of salt and pepper
　│ 1/2 tsp chilli powder

🔊 **English Audio > p.12**

1 Dice the onion and red pepper. Thinly slice the garlic.

2 Heat olive oil (1 tbsp) in a frying pan, and fry the onions and red peppers. Once softened, add the garlic and canned tomatoes. If the canned tomatoes do not have a lot of liquid, add 200mL of water.

3 Mash the tomatoes using a masher, add the ingredients listed in A and simmer for about 5 min.
TIP : Add the chilli powder listed in A a little at a time, adjusting the spiciness to your liking.

4 Reduce the heat, make 4 wells in the tomato sauce and crack the eggs into each well. Cover and cook until the egg whites are set and the yolks remain runny. Sprinkle a little salt on the eggs. Top with chopped parsley and serve with bread (optional).

Chilaquiles
チラキレス｜メキシコ

Mexico

メキシコには数回訪れたことがあり、友人の結婚式で訪れたときの朝食に食べたチラキレスが、今では僕のお気に入りの朝食のひとつになりました。これはメキシコではとても伝統的な料理で、サルサをトルティーヤチップスと一緒に煮込む料理で、使用するトマトによって赤または緑になります。このレシピは日本のスーパーで見つけた材料を使った僕のアレンジです。メキシコとは少し味が違うかもしれないけど、それでもとても美味しいです！ 辛いのが好きな方は、ホットソースを追加してください！ 目が覚める美味しさです。

材料　2人分

トルティーヤチップス(無塩) ― 200g
卵 ― 2個
アボカド ― 1個
A | 生クリーム(乳脂肪分35%)
　　　 ― 大さじ1と1/2
　　　 サワークリーム ― 大さじ1
パクチー(生) ― 適量

サルサ
玉ねぎ ― 1個
にんにく ― 2片
B | カットトマト缶 ― 1缶(400g)
　　　 水 ― 200mL
　　　 ハラペーニョ(スライス) ― 8〜10枚
　　　 チキンコンソメスープの素 ― 1個
塩 ― 小さじ1

作り方

1 **サルサを作る。**玉ねぎはさいの目切りにする。ミキサーに玉ねぎ、にんにく、**B**を入れてなめらかになるまで攪拌する。

2 フライパンにオリーブオイル大さじ2(分量外)を熱し、**1**を入れてとろみがつくまで煮込む。塩を加え、焦げないように混ぜながら煮込む。ソースにとろみがついたら、トルティーヤチップスを入れてさっと混ぜ合わせる。

3 **2**を煮込んでいる間に、ボウルに**A**を入れて混ぜ合わせる。

4 卵はフライパンにオリーブオイル大さじ1(分量外)を熱し、目玉焼きにする。

5 器に半量ずつ**2**を盛り、薄切りにしたアボカド、目玉焼きをのせる。**3**をかけ、刻んだパクチーをのせる。お好みでライム(分量外)を添え、ホットソース(分量外)をかける。

Ingredients & Instructions　Serves 2

200g tortilla chips (unsalted)
2 eggs
1 avocado
A | 1 1/2 tbsp fresh cream (35% fat)
　　 1 tbsp sour cream
Coriander (to taste)

Salsa
1 onion
2 cloves of garlic
B | 1 can (400g) chopped tomatoes
　　 200mL water
　　 8-10 slices of jalapeño
　　 1 chicken consommé cube
1 tsp salt

🔊 **English Audio > p.12**

1 **Make the salsa.** Dice the onion. Add the onions, garlic, and all the ingredients listed in **B** to a blender and blend until smooth.

2 Add olive oil (2 tbsp) to a frying pan, add the salsa, and simmer until thickened. Add salt and simmer while stirring to prevent burning. Once the sauce has thickened, add the tortilla chips and mix quickly. Then plate immediately.

3 While the salsa is simmering, mix together the ingredients listed in **A** in a small bowl.

4 Heat olive oil (1 tbsp) in a frying pan and cook 2 fried eggs.

5 Place thinly sliced avocado and a fried egg on top of the Chilaquiles. Drizzle with sour cream mix, and optionally add hot sauce and coriander.

Cilbir

チュルブル｜トルコ

🇹🇷 **Turkey**

英語圏ではこの料理をその名も「ターキッシュエッグ」と呼びます。これは15世紀にまで遡るトルコの伝統的な料理です。僕はトルコに行ったことはありませんが、妻のお気に入りの朝食料理と知って、作り方を研究しました。朝食に最適ですが、一日中いつでも食べることができます。最近、多くのレシピ投稿者がSNSに投稿して話題になったため、アメリカやイギリスでもかなり人気になっています。この料理を作ってから、ヨーグルトソースにハマり、それがさまざまなヨーグルトソースの味を作るための探求の始まりでした。

材料　1〜2人分

卵 — 2個

A　｜ギリシャヨーグルト — 125g
　　｜にんにく(すりおろす) — 1と1/2片
　　｜ディル(生・みじん切り) — 2本
　　｜レモンのしぼり汁 — 1/2個分
　　｜塩 — 小さじ1/2

バター — 28g
オリーブオイル — 小さじ1
赤とうがらし(細かく刻む) — 小さじ1
パプリカパウダー — 小さじ1
カイエンペッパー — 小さじ1

作り方

1. ボウルに、**A**を入れて混ぜ、ヨーグルトソースを作る。
2. 別のボウルの上にざるを重ね、卵を割り入れ、白身の水っぽい部分を取り除く。鍋に湯を沸かし、酢小さじ1(分量外)を加える。弱火にして箸でぐるぐると混ぜ、中央に卵1個を落とす。4分ほどで白身が固まり、卵黄が半熟になったら取り出し、キッチンペーパーの上におき水気を切る。もう1個も同様に作る。
3. 別の鍋にバターを溶かし、オリーブオイルを加えて混ぜる。赤とうがらし、パプリカパウダー、カイエンペッパーを加えて混ぜる。
4. 器に**1**を盛り、**2**をのせる。**3**をかけ、お好みでディル(生)とパン(ともに分量外)をのせる。

Chapter 2

Appetisers, Salads & Soups

前菜、サラダ、スープ

メインの前に出される前菜、メインと一緒に食べたいサラダやスープを特集します。前菜はディナーパーティーのおもてなしにぴったり。おしゃれで美味しいメニューです。サラダはボリューム満点で、たっぷり野菜がとれます。スープは、夏にぴったりの冷たいスープから、寒い日や雨の日に食べたくなる温かいスープまで紹介します。Chapter 1のサンドイッチを合わせても美味しいと思います。

Frying Pan Nachos

フライパンナチョス｜アメリカ

 USA

メキシコ発祥のナチョスのオリジナルレシピの材料は、3つ (チップス、チーズ、ハラペーニョ) のみ。それが、Tex-Mex (テクスメクス) と呼ばれるテキサスとメキシコの食文化が融合したメキシコ風のアメリカ料理になり、アメリカ中に広まりました。Tex-Mexのほうが辛くなく、スパイスを多用するのが特徴です。ファストフード店、映画館、スポーツイベント、フードトラックなど、ほとんどどこでも見つけることができるほど人気です！ 僕のナチョスのレシピはTex-Mexバージョンに近いですが、フライパンひとつで作れるのがすごくよいです。もし見つけられたら、ブロックチーズをすりおろすことを、おすすめします！

材料　3〜4人分

タコミート
合いびき肉 ― 600g
玉ねぎ ― 1個
にんにく ― 3片
タコシーズニング ― 1袋(30g)
　＊または
A｜トマトペースト ― 大さじ3
　｜パプリカパウダー ― 大さじ2
　｜オレガノ(ドライ) ― 大さじ2
　｜クミンパウダー ― 大さじ1
　｜塩、こしょう ― 各小さじ1
ピザ用チーズ ― 300g
トルティーヤチップス(無塩) ― 120〜150g
トマト ― 中1個
ハラペーニョ(スライス) ― 12〜14枚
パクチー(生) ― 適量

ワカモレ(ナチョス用)
アボカド ― 2個
トマト ― 中1個
にんにく ― 1片
ライム(またはレモン)のしぼり汁 ― 1/2個分
塩、こしょう ― 各小さじ1/2

作り方

1 タコミートの玉ねぎとにんにくはみじん切りに、トマトは5mm角に切る。ワカモレのトマトは種を取り5mm角に切り、にんにくはみじん切りにする。

2 タコミートを作る。フライパンにオリーブオイル大さじ1(分量外)を熱し、玉ねぎを炒める。にんにくを加えてきつね色になるまで炒める。片側に寄せ、ひき肉を入れて焼き色をつけながら焼き、色が変わったら全体を混ぜ合わせる。肉汁が出たら、キッチンペーパーで拭き取る。

3 2にタコシーズニングを加えて炒める(または、フライパンに空いているところを作り、そこにトマトペーストを入れ、1か所で炒めてから全体を混ぜ、Aを加えて炒める)。チーズを上にのせ、水大さじ1(分量外)を加えたら、ふたをしてチーズを溶かす。

4 チーズを溶かしている間に**ワカモレを作る**。アボカドは半分に切り、種を取る。ボウルに実を入れ、フォークでつぶす。なめらかになったらトマト、にんにく、ライム汁、塩、こしょうを加えて混ぜる。

5 トルティーヤチップスを器に入れ、その上に**3**、トマト、ワカモレ、ハラペーニョ、刻んだパクチーをのせる。

タコシーズニングって？
混ぜるだけで本格的になる、タコミートのためのスパイスのミックス。ない場合は、トマトペーストと**A**の材料でも作れます。

39

Zucchini Carpaccio
ズッキーニカルパッチョ

Mushroom Carpaccio
マッシュルームカルパッチョ

Zucchini Carpaccio

ズッキーニカルパッチョ｜イタリア

 Italy

ズッキーニがあったら、ぜひ、この超シンプルだけど美味しいカルパッチョをお試しください！妻がこの料理を作ってすぐに、とても気に入りました！5分で作れて、さっぱりしていて、ステーキなどの肉料理のサイドディッシュにぴったりです。

材料　3〜4人分

ズッキーニ ― 大1本(または中2本)
オリーブオイル ― 大さじ2
塩、こしょう ― 各小さじ1/2
パルメザンチーズ ― 適量

作り方

1. ズッキーニはスライサーで薄切りにする。
2. 器にズッキーニを並べ、オリーブオイルを全体にかける。塩、こしょうを全体にふり、パルメザンチーズをかける。

Zucchini と Courgette

地中海沿岸のイタリアや南フランスでは料理に欠かせない素材、ズッキーニ。Zucchini（ズッキーニ）は実はイタリア語で小さなかぼちゃという意味のZucchina（ズッキーナ）が語源です。イギリス英語ではCourgette（コージェット）といいます！

Mushroom Carpaccio

マッシュルームカルパッチョ｜イタリア

  Italy

義母がこの料理を作ってくれるまで、ブラウンマッシュルームを生で食べられるとは知りませんでした。あまりにも美味しかったので、自分で作ってみました。ただ、すべての種類のマッシュルームが生で食べられるわけではないというのと、ブラウンマッシュルームは洗わず汚れを拭き取るというのは、注意してください。

材料　2人分

ブラウンマッシュルーム ― 6〜8個
青ねぎ ― 2本
オリーブオイル ― 大さじ2〜3
レモンのしぼり汁 ― 1/2個分
にんにく(すりおろす) ― 1片
塩、こしょう ― 各小さじ1/2

作り方

1. マッシュルームはスライサーで縦薄切りにする。青ねぎは小口切りにする。
2. ボウルにオリーブオイル、レモン汁、にんにくを入れて混ぜ合わせる。
3. 器にマッシュルームを盛り、2をかける。塩、こしょうをふり、青ねぎをかける。

Esquites

エスキーテス｜メキシコ

🇲🇽 **Mexico**

もともとはメキシコのストリートフード（屋台の食べ物）で、とても人気があり、通常はプラスチックや紙製のカップで出されます。僕が初めて食べたのは、アメリカのテキサス州のガソリンスタンドでした。アメリカのガソリンスタンドの中には、クオリティーの高いファストフードを提供するところがあって、みんなガソリンを入れるためでなく、食べ物のためだけに行くのです！ メキシコでもこれを食べてみましたが、本当に美味しいです！ ナチョスやタコスのサイドディッシュとしてもおやつにも最適です。

材料　3～4人分

とうもろこし — 2本
玉ねぎ — 1/2 個
にんにく — 2片
ライム（またはレモン）のしぼり汁
　— 1個分
パクチー（生・みじん切り）
　— 大さじ2～3

A
| サワークリーム — 45mL
| マヨネーズ — 大さじ3
| パルメザンチーズ
| 　— 大さじ2
| ホットソース — 大さじ1/2
| 塩 — 小さじ1/2

作り方

1 とうもろこしは皮つきのまま電子レンジで6分40秒加熱する。芯の下の部分を切り落とし、反対側を持って押し出し [a] 皮とひげを取る。実を包丁で削ぐ [b]。

2 玉ねぎとにんにくはみじん切りにする。

3 フライパンにバター大さじ1と1/2（分量外）を熱し、**1**を4～5分炒める。玉ねぎを加えて炒め、きつね色になったらにんにくを加えて炒める。水100mL（分量外）を加えて水分が蒸発するまで炒める。

4 ボウルに**3**、ライム汁、パクチー、**A**を加えて混ぜ合わせる。器に盛り、パルメザンチーズ（分量外）をかけ、刻んだパクチー（生・分量外）をちらす。

[a]

[b]

Guacamole

ワカモレ｜メキシコ

 Mexico

ワカモレはメキシコのアボカドのディップで、伝統的にトルティーヤチップスと一緒に出されます。今は世界中で、特にアメリカでとても人気があります。Tex-Mex (テクスメクス) といわれるメキシコ風のアメリカ料理のトッピングとしてよく使われます。実はおうちですごく簡単に作れて、僕はナチョス (p.38) の上にのせて食べるのが好きです。ライムをしぼるのがおすすめですが、ライムが手に入らない場合はレモンでも代用できます。

材料　2人分

アボカド — 2個
トマト — 1個
ライム (またはレモン) のしぼり汁 — 1個分
にんにく (すりおろす) — 1片
塩、こしょう — 各小さじ½

作り方

1. トマトは種を取り、粗みじん切りにする。アボカドは縦半分に切って種を取り、実をボウルに取り出し、フォークでつぶす。
2. 1のボウルにトマト、ライム汁、にんにく、塩、こしょうを加えて混ぜ合わせる。お好みでトルティーヤチップス (分量外) を添える。

🔊 English Audio > p.12

Ingredients & Instructions Serves 2

2 avocados
1 tomato
Juice of 1 lime (or lemon)
1 clove of garlic (gated)
½ tsp each of
　salt and pepper

1. After removing the seeds, roughly chop the tomatoes. Cut the avocados in half lengthwise, remove the seeds, scoop out the flesh into a bowl using a spoon and mash it with a fork.
2. Add the tomatoes, lime juice, grated garlic, salt and pepper to the bowl and mix well. Serve with tortilla chips if desired.

43

Hummus
フムス｜中東

ひよこ豆で作ったディップで、パンと一緒に食べたり、前菜やサイドディッシュとして出される、中東料理の定番で、今では世界中で人気です！ヨーロッパやアメリカのスーパーでは簡単に見つけることができますが、おうちで作ったほうがだんぜん美味しいと思います！なめらかにするためのコツは、混ぜるときに氷を数個加えること。通常は、「タヒニ」というギリシャや中東諸国でよく食べられている伝統食材のごまのペーストを使用しますが、日本なら「ねりごま」が非常に似ているので、代用できます。

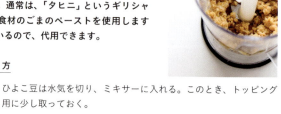

材料　2〜3人分

ひよこ豆(水煮) — 350g
レモンのしぼり汁 — 1個分
にんにく — 2片
白ねりごま — 大さじ3
氷 — 3個
オリーブオイル — 大さじ4
クミンパウダー — 小さじ½
塩 — 小さじ½
パプリカパウダー — 少々
イタリアンパセリ(生) — 適量

作り方

1 ひよこ豆は水気を切り、ミキサーに入れる。このとき、トッピング用に少し取っておく。

2 1にレモン汁を加えて粒感が残るくらいまで攪拌する [a]。にんにく、ねりごま、氷を入れて攪拌する。さらに、オリーブオイルを少量ずつ加えなめらかになるまで攪拌する。クミンパウダー、塩を加えて攪拌する。

3 器に盛り、取っておいたひよこ豆をのせ、オリーブオイル適量(分量外)、パプリカパウダー、刻んだパセリをかける。お好みでパン(分量外)を添える。

Baba Ganoush

ババガヌーシュ｜レバノン

材料　2〜3人分

なす ― 大3本（500g）
A｜にんにく ― 1片
　｜レモンのしぼり汁 ― 1個分
　｜オリーブオイル
　｜　― 大さじ3〜4
　｜白ねりごま ― 大さじ2〜3
　｜クミンパウダー ― 小さじ1
　｜塩 ― 小さじ1
赤とうがらし（細かく刻む）
　― 小さじ1
イタリアンパセリ（生） ― 適量

作り方

1　なすは縦半分に切り、1cm間隔で切り口に斜め十字に切り込みを入れる。

2　切り込みを入れた面にオリーブオイル（分量外）をぬり、その面を下にしてグリルに入れる。皮目にもオリーブオイル（分量外）をぬり、強火で15〜20分焼き色がつくくらいまで焼く。裏返してさらに5〜7分焼く。

3　なすを取り出して果肉をスプーンでこそげ取り [a]、皮は除く。ボウルにざるを重ね、こそげ取ったなすを入れ、余分な水分を押し出す [b]。

4　3をミキサーに入れ、Aを加えてなめらかになるまで攪拌する。器に盛り、オリーブオイル適量（分量外）をかけ、赤とうがらしと刻んだパセリをふる。

Lebanon

ババガヌーシュはフムス（p.44）に似ていますが、ひよこ豆の代わりになすを使う、なすとごまのディップです。なすは焦げ目がつくまで焼くことで、深みのある味わいになります。こちらも中東料理で、前菜として、またパンや野菜につけて食べられます。そしてこちらもまた、アメリカやイギリスでも大人気です。簡単に作れるので、家庭でも作られます。僕も妻もフムスとか中東の味が大好きなので、この料理を初めて食べたとき、自分で作ってみずにはいられませんでした。

Upside-down Pie

逆さまパイ｜アメリカ

🇺🇸 USA

このパイの作り方はSNSで話題になりましたが、おそらく今まで作った中で一番簡単なパイでしょう！ トッピングの上にパイ生地をのせて焼いて、ひっくり返せば、できあがり！ とても楽しく簡単に作れるので、お子さまと一緒に焼くのもいいですね！ トッピングは、マッシュルームなどのきのこやチーズなどの塩味のものから、りんごのような甘いものまで、お好きなもので試してみてください。

材料 2枚分

冷凍パイシート(11×19cmのもの) — 1枚
エシャロット — 1/2個(または赤玉ねぎ1/8個)
バルサミコ酢 — 小さじ1/2
パルメザンチーズ — 適量
まいたけ — 1房
松の実 — 大さじ1
卵 — 1個
塩、こしょう — 各適量

作り方

1 パイシートは室温で解凍し、半分に切る。エシャロットは薄切りにする。オーブンは190℃に予熱する。

2 天板にクッキングシートを敷き、オリーブオイル小さじ1/2(分量外)をパイシートの大きさに2か所広げる。1か所はその上にエシャロットをのせ、バルサミコ酢、パルメザンチーズをかける。もう1か所にはほぐしたまいたけ、松の実をのせ、パルメザンチーズをたっぷりかける。2か所とも上からパイシートをかぶせて[a]、ふちを手で押さえる。

3 卵は溶きほぐす。パイ生地の表面に溶き卵をぬり、オーブンの中段で15分焼く。焼き上がったら裏返して器に盛り、塩、こしょう、パルメザンチーズ、刻んだパセリ(生・分量外)をふる。

Sweet Version

りんご1/2個を薄切りにして、クッキングシートを敷いた天板の2か所にパイシートのサイズでのせる。りんごそれぞれにはちみつ大さじ1をかけシナモンをふり、同じようにパイシートをかぶせて溶き卵をぬって焼き、裏返してシナモンをふると、甘い逆さまパイに！

Roasted Tomato Tarts

ローストトマトタルト｜イタリア

🇮🇹 **Italy**

これは最近母から作り方を教わった前菜です。ローストして旨みが増したトマトとアンチョビの組み合わせで、食べると口の中で旨みが爆発します！見た目もおしゃれなのに、作り方はとっても簡単。ディナーパーティーのオードブルとして出すのにも最適です。パイ生地に焼き色をつけるために卵液をぬる代わりに、牛乳をぬっても、美味しそうな焼き色がつきます。これ、他の料理でも応用できる、知っておくと便利なコツです。

材料　12枚分

冷凍パイシート(11×19cmのもの) ─ 2枚
トマト ─ 中3〜4個
アンチョビ ─ 2切れ
A にんにく(すりおろす) ─ 1片
　　オリーブオイル ─ 大さじ1と1/2
　　トマトペースト ─ 大さじ1
オレガノ(ドライ) ─ 大さじ1
パルメザンチーズ ─ 適量
牛乳 ─ 大さじ1
バジル(生) ─ 12枚

作り方

1 室温で解凍したパイシートは1枚を6等分に切り、冷蔵庫でひやす。オーブンは200℃に予熱する。トマトは1cm厚さの輪切りに、アンチョビは細かく刻む。

2 ボウルに**A**を入れて混ぜ合わせる。

3 オーブンの天板にクッキングシートを敷き、パイシートを6枚並べ、上に**2**をティースプーン1杯くらいずつぬり、オレガノをふる。トマト、アンチョビをのせ、パルメザンチーズをふる。生地の端に牛乳をぬり [a]、オーブンの中段で25〜30分焼く。残りも同じようにして焼く。

4 粗熱が取れたら仕上げにバジルをのせる。

Bruschetta
ブルスケッタ｜イタリア

Italy

この伝統的なイタリアの前菜は、ヨーロッパ各地のディナーパーティーやレストランでよく出されます。焼いたパンに生のにんにくをぬって、トッピングをのせるシンプルなもので、名前はイタリア語で「炙る」という意味のブルスカーレに由来するそう。母がよくイギリスでディナーパーティーをするとき、この前菜を作ってくれていました。作り方は簡単ですが、見た目も味も最高！　はちみつを加えるのがポイントで、バルサミコとすごく合います！

材料　6枚分

ミニバゲット — 1本
ミニトマト — 250g
バジル(生) — 3〜4本
オリーブオイル — 大さじ1
塩、こしょう — 各小さじ1/2
にんにく — 1片
バルサミコ酢 — 小さじ1
はちみつ — 小さじ1
パルメザンチーズ — 適量

作り方

1 バゲットは6枚に切り、オリーブオイル適量(分量外)をかけて焼く。トマトは4等分に切る。バジルは粗みじん切りにする。

2 ボウルにトマト、バジル、オリーブオイル、塩、こしょうを入れて混ぜる。

3 バゲットににんにくをこすりつけるようにしてぬり、**2**をのせ、バルサミコ酢、はちみつ、パルメザンチーズをかける。

Larb Moo

ラープ・ムー｜タイ

 Thailand

これはタイの伝統的な温かいサラダで僕のアレンジバージョンです。肉が多いので一見サラダには見えませんが、タイではサラダと呼ばれています。僕はタイに約7年間住んでいましたが、これは僕のお気に入りのサラダ料理です！ 作り方はとても簡単ですが、この料理を特別なものにしているのは、サラダに混ぜる、煎って細かく砕いたお米です。香りがよく、カリカリとした食感があります。これがなければ、ラープ・ムーではありません！

材料 2人分

豚ひき肉 — 600g
エシャロット — 大1/2個(または赤玉ねぎ1/2個)
青ねぎ — 2本
米 — 大さじ1と1/2
パクチー(生・粗みじん切り) — 大さじ4
スペアミント(生・粗みじん切り) — 大さじ4
赤とうがらし(細かく刻む) — 小さじ1
ナンプラー — 大さじ2
ライム(またはレモン)のしぼり汁 — 1個分

作り方

1 エシャロットは薄切りに、青ねぎは小口切りにする。

2 フライパンを熱し、米を入れて茶色になるまで4〜5分乾煎りする[a]。ミキサーに入れて粉砕する[b]。
/// **POINT** 乾煎りした米は、厚めの袋に入れてめん棒などでたたいて粉砕してもOK。

3 フライパンをきれいにして、水大さじ2(分量外)を入れて熱し、ひき肉を入れて炒め、ひき肉に火が通ったら火を止める。エシャロット、青ねぎ、**2**、パクチーの3/4量、ミント、赤とうがらし、ナンプラー、ライム汁を加えて混ぜ合わせる。器に盛り、残りのパクチーをのせる。

Ingredients & Instructions Serves 2

600g minced pork
1/2 large shallot
2 spring onions
1 1/2 tbsp rice (uncooked)
4 tbsp coriander (roughly chopped)
4 tbsp spearmint (roughly chopped)
1 tsp red chilli pepper (finely chopped)
2 tbsp fish sauce
Juice of 1 lime (or lemon)

🔊 **English Audio > p.12**

1 Thinly slice the shallots. Finely chop the spring onions.

2 Heat a frying pan, add the uncooked rice and toast dry for 4-5 min until it turns a deep brown colour [a]. Transfer to a blender and grind into a sand-like texture [b].
TIP : You can also put the toasted rice into a thick freezer bag and crush it with a rolling pin.

3 Add 2 tbsp of water to a frying pan, fry the minced meat until cooked through and turn off the heat. Add the shallots, spring onions, 3/4 of the chopped coriander, spearmint, red chilli pepper, fish sauce, lime juice, the toasted rice and mix well. Serve in a bowl and garnish with the remaining chopped coriander.

Kale & Chicken Salad with Peanut Vinaigrette

ケールとチキンの
ピーナッツビネグレットサラダ｜アメリカ

🇺🇸 USA

このサラダは、テキサス州ダラスにある僕のお気に入りのレストラン、「The Honor Bar」のサラダをアレンジしたものです（このレストラン、この素晴らしいサラダだけでなく、今まで食べた中で最高のハンバーガーを提供していると、僕は思っています！）。ドレッシングは、味を推測して再現しました。このレシピを考えたおかげで、他の料理を作るときにケールを使うようになりました。ケールは今では日本のスーパーでも手に入るようになってきたので、いつでも作れます。ぜひ、試してみてほしいです。

材料　2〜3人分

鶏もも肉 — 2枚（500g）
塩、こしょう — 各小さじ$\frac{1}{2}$
ケール — 6枚
キャベツ — $\frac{1}{4}$個
青ねぎ — 6本
ピーナッツ — 30〜40g
パクチー（生・みじん切り）— 15g
スペアミント（生・みじん切り）— 15g
パルメザンチーズ — 適量

ピーナッツビネグレットドレッシング
ライム（またはレモン）のしぼり汁 — 1個分
くるみオイル（またはごま油）— 大さじ4
ディジョンマスタード — 大さじ1
メープルシロップ（またははちみつ）— 大さじ1
酢 — 大さじ1
ごま油 — 大さじ1
塩、こしょう — 各小さじ$\frac{1}{2}$

作り方

1 鶏肉は塩、こしょうをまぶし、フライパンにオリーブオイル適量（分量外）を熱し、中に火が通るまで両面焼き、さめたらさいの目切りにする。ケールは茎を取り、細切りにする。キャベツはせん切り、青ねぎは小口切りにする。ピーナッツは刻む。

2 ピーナッツビネグレットドレッシングの材料をすべて混ぜ合わせる。

3 ボウルに**1**、**2**、パクチー、ミント入れて混ぜ合わせる。器に盛り、パルメザンチーズをかける。

53

Taco Salad

タコサラダ｜アメリカ

 USA

タコサラダはTex-Mex (テクスメクス) ともいわれるメキシコ料理のアメリカ版です。僕は大人になってアメリカを訪れ、さまざまなアメリカの家庭料理のレシピを作ってみているときに、これの作り方を学びました。タコミートは既製のタコシーズニングというスパイスミックスを使って、手軽に作ることができます。もしハーブがあるなら、自分でタコ用のスパイスミックスをつくることをおすすめします (p.39参照)。ディナーパーティーにぴったりで、大量に作ってみんなでシェアできます。

材料　2〜3人分

合いびき肉 — 350g
玉ねぎ — 1個
にんにく — 2片
レタス — 5〜6枚
ミニトマト — 6〜8個
黒オリーブ (種なし) — 8〜10個
ハラペーニョ (スライス) — 6〜8枚
コーン缶 — 150〜200g
トマトペースト — 大さじ1〜2
タコシーズニング — 20g
チェダーチーズ — 15〜20g
トルティーヤチップス (無塩) — 30g

アボカドライムソース
アボカド — 1個
パクチー (生) — 3本
ライム (またはレモン) のしぼり汁 — 1個分
オリーブオイル — 大さじ6〜8
塩、こしょう — 各小さじ½

作り方

1 玉ねぎとにんにくはみじん切りにする。レタスは1cm幅に、トマトは半分に切る。オリーブは薄切り、ハラペーニョは粗みじん切りにする。

2 フライパンにオリーブオイル大さじ1 (分量外) を熱し、玉ねぎを入れて2分ほど炒めたら、にんにく、ひき肉を加えて炒める。肉の色が変わったらトマトペースト、タコシーズニングを加え、全体を炒め合わせる。チーズの半量を加え、チーズが溶けるまで加熱したら火からおろし、粗熱を取る。

3 アボカドライムソースを作る。ミキサーに皮と種を取ったアボカド、パクチー、ライム汁、オリーブオイル、塩、こしょうを入れて攪拌し、なめらかにする。

4 器にレタス、**2**、**3**、水気を切ったコーン、トマト、オリーブ、残りのチーズ、ハラペーニョ、砕いたトルティーヤチップスを盛り、お好みで刻んだパクチー (生・分量外) をのせる。食べる直前に混ぜ合わせる。

Couscous Salad

クスクスサラダ｜アメリカ、北アフリカ、ヨーロッパ

USA, North Africa, Europe

クスクスは北アフリカ発祥で、モロッコやアルジェリアなどの国でよく食べられていますが、現在ではアメリカやヨーロッパでも人気の料理です。粒状で穀物や種の一種のようにも見えますが、実はデュラム小麦粉を原料としたパスタの一種なのです。クスクスは比較的ヘルシーとされているので、このレシピは脂肪分をとりすぎずにお腹を満たし、タンパク質をとりたいときにすごくいいです。このサラダは簡単に作れますし、1品で炭水化物とサラダの代わりにもなります。しかもクスクスを作るのは、たったの5分しかかかりません！

材料 3～4人分

クスクス ― 230g
赤パプリカ ― 1個
セロリ ― 1本
エシャロット ― 大1個（または赤玉ねぎ1個）
ラディッシュ ― 3個
にんにく ― 3片
黒オリーブ（種なし） ― 6個
ひよこ豆（水煮） ― 380g
チキンコンソメスープ ― 230mL
※チキンコンソメスープの素1個を湯230mLに溶かす
ベビーリーフ ― 1袋(50g)
パセリ（生・粗みじん切り） ― 2房
A｜ カイエンペッパー ― 小さじ1
　｜ クミンパウダー ― 小さじ1
　｜ オレガノ（ドライ） ― 小さじ1
　｜ パプリカパウダー ― 小さじ1

レモンビネグレットドレッシング
レモンのしぼり汁 ― $\frac{1}{2}$個分
オリーブオイル ― 大さじ3
塩、こしょう ― 各小さじ$\frac{1}{2}$

作り方

1 パプリカと筋を取ったセロリはさいの目切りに、エシャロットはみじん切り、ラディッシュ、にんにく、オリーブは薄切りにする。

2 フライパンにオリーブオイル大さじ1（分量外）を熱し、水気を切ったひよこ豆を炒める。油が回ったらにんにくとクスクスを加えて1分ほど炒める。**A**を加えてさらに2分ほど炒める。

3 ボウルに**2**とコンソメスープを入れて混ぜ、ふたをして5分おく。クスクスをフォークでほぐしながら混ぜる。

4 別のボウルに**レモンビネグレットドレッシング**の材料を混ぜ合わせる。

5 器にベビーリーフ、**3**、にんにく以外の**1**、パセリを盛り、ドレッシングをかける。

🔊 **English Audio > p.12**

Ingredients & Instructions Serves 3-4

230g couscous
1 red pepper
1 celery stalk
1 large shallot or 1 red onion
3 radishes
3 cloves of garlic
6 olives
380g chickpeas
230mL chicken consommé soup
　(dissolve 1 chicken consommé soup
　cube in 230mL hot water)
1 bag of baby leaf salad mix
2 sprigs of parsley
　(roughly chopped)

A｜ 1 tsp cayenne pepper
　｜ 1 tsp cumin powder
　｜ 1 tsp oregano
　｜ 1 tsp paprika powder

Dressing
Juice of $\frac{1}{2}$ a lemon
3 tbsp olive oil
$\frac{1}{2}$ tsp each of
　salt and pepper

1 Dice the pepper and celery, thinly slice the radishes and garlic, and finely chop the shallot. Slice the olives.

2 Heat olive oil (1 tbsp) in a frying pan and fry the drained chickpeas. Add the garlic and couscous, and fry for 1 min. Add the ingredients listed in **A** and fry for another 2 min.

3 Mix the couscous and the chicken consommé soup in a bowl, cover and leave for 5 min. Mix while fluffing up the couscous with a fork.

4 Mix the dressing ingredients in a separate bowl.

5 Place baby leaves, the couscous, and chopped vegetables in a bowl and add the dressing.

🇬🇷 Greece

これは、ヨーロッパやアメリカで大人気となった伝統的なギリシャ風サラダの、僕流のアレンジレシピです。このサラダを初めて食べたのは、友人とギリシャのポロス島に旅行に行ったときのことです。ギリシャのほとんどのレストランでこのサラダが食べられます。フェタチーズというギリシャ生まれのフレッシュチーズを使うのがポイント。とてもシンプルで、さっぱりしていて、美味しいサラダで、どんな肉や魚のメイン料理にもぴったりです！

Greek Salad
ギリシャサラダ｜ギリシャ

材料　2〜3人分

フェタチーズ ― 200g
赤玉ねぎ ― 1個
黄パプリカ ― 1個
きゅうり ― 2本
ミニトマト ― 200g
黒オリーブ(種なし) ― 10〜12個

赤ワインビネグレットドレッシング

オリーブオイル　大さじ6
赤ワインビネガー ― 大さじ4
にんにく(すりおろす) ― 1片
オレガノ(ドライ) ― 小さじ1
塩、こしょう ― 各小さじ1/2

作り方

1 フェタチーズはさいの目切りにする。赤玉ねぎは薄切り、パプリカは縦細切り、きゅうりは薄い小口切り、トマトとオリーブは半分に切る。

2 赤ワインビネグレットドレッシングの材料は混ぜ合わせる。

3 ボウルに**1**と**2**を入れて混ぜ合わせる。

フェタチーズとは？

ギリシャで最も親しまれているチーズ。そのルーツは紀元前からとか。羊乳から作られ、塩気が強いフレッシュチーズです。

Leek & Potato Soup

長ねぎとじゃがいものポタージュ｜
フランス、アイルランド、ウェールズ

France, Ireland, Wales

これはウェールズやアイルランド、フランスで人気の伝統的なスープの僕のアレンジです。イギリスの人たちがよく自宅で作ったり、パブで出されたりする人気のスープです！ ヨーロッパのリーク（ねぎ）を日本で見つけるのは難しいので、代わりに普通の長ねぎを使用しています。濃厚で、冬や寒い雨の日に体を温めてお腹を満たすのにぴったりなスープです。

材料　2～3人分

じゃがいも ― 大4個(600g)
長ねぎ ― 2本
にんにく ― 2片
ベーコン(薄切り) ― 3～4枚
チキンコンソメスープ ― 800mL
※チキンコンソメスープの素2個を湯800mLに溶かす
塩、こしょう ― 各小さじ1/2
牛乳 ― 200mL
青ねぎ ― 適量

作り方

1 じゃがいもは一口大に切り、耐熱皿に入れ、ラップをかけて電子レンジで8～10分加熱する。長ねぎとにんにくはみじん切りにする。ベーコンはフライパンでカリカリになるまで焼き、小さく刻む。

2 鍋にバター大さじ2と1/2（分量外）を熱し、にんにくを炒め、長ねぎを加えてしんなりするまで炒める。じゃがいも、コンソメスープ、塩、こしょうを加え、ふたをして8～10分煮込み、一度火を止める。

3 2をブレンダーでなめらかになるまで攪拌する。牛乳を加え、再び弱火～中火にかけて、温まるまで混ぜる。器に盛り、ベーコンと小口切りにした青ねぎをのせる。

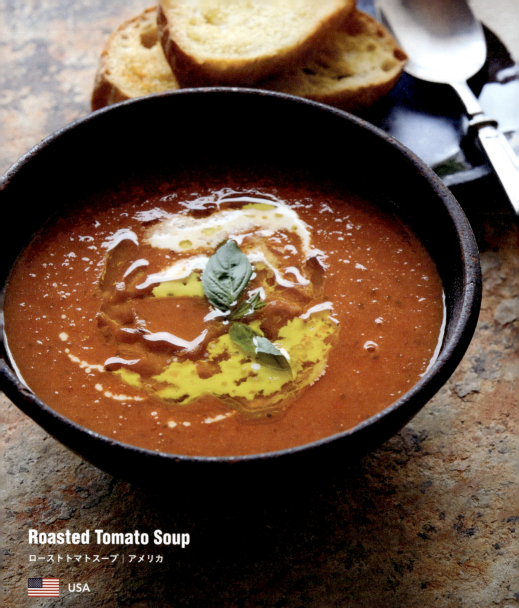

Roasted Tomato Soup
ローストトマトスープ｜アメリカ

🇺🇸 USA

トマトをオーブンでローストして作るアメリカの伝統的なスープ料理で、多くの家庭で独自のレシピを持っています。寒い雨の日、おうちのソファーでくつろぎながら映画を見たいときにぴったりの料理です。野菜をローストすると風味が強くなり、深みが増すので、野菜本来の旨みを感じられます。だから、このステップは省略しないでくださいね！グリルドチーズサンドイッチ(p.20)を作って、スープに浸して食べると最高に美味しいから、やってみてほしいです。

Spicy Kabocha & Coconut Soup
ピリ辛かぼちゃとココナッツのスープ｜フランス

 France

これは母が教えてくれた僕のお気に入りのスープのレシピです。イギリスのスーパーでかぼちゃが手に入ると、母は家族のためによく作ってくれました。少しピリッとした辛味があってカレーの風味がし、とても満足感があり、冬に体を温めるのにぴったりなスープです。妻のお気に入りのスープレシピのひとつでもあるので、僕たちは大量に作って数日かけて食べます。西洋かぼちゃでも作れますが、日本のかぼちゃのほうが食感と風味がよくて、このスープに合うと思います。

Pumpkin Seeds Roasted with Salt & Butter
塩バター焼きかぼちゃの種｜アメリカ

 USA

かぼちゃの種は捨てないで！母はかぼちゃを料理するとき、いつもこのおやつを作ってくれました。塩とバターの風味が、ポップコーンを思い出させます。洗った種は完全に乾燥させるのがポイント。そうすると、カリカリにできます。またカリカリになる前に種が焦げないよう、フライパンは頻繁に動かしてください！

Roasted Tomato Soup

ローストトマトスープ｜アメリカ

材料　2～3人分

トマト ― 大3個
玉ねぎ ― 1個
にんじん ― 1本
にんにく (ホール) ― 1個
タイム (生) ― 3～4本
チキンコンソメスープ ― 500mL
※チキンコンソメスープの素2個を湯500mLに溶かす
バジル (生) ― 2～3本
トマトピューレ ― 200mL
カイエンペッパー ― 小さじ1/2
砂糖 ― 小さじ1
生クリーム (乳脂肪分35%) ― 大さじ3

[a]

作り方

1. トマトと玉ねぎは4等分のくし形切りにする。にんじんは乱切りにする。オーブンは230℃に予熱する。

2. クッキングシートを敷いた天板に**1**を広げてのせる。にんにくは皮をむかずホールのままで先端を5mmほど切り落としてアルミホイルにのせ、オリーブオイル大さじ1 (分量外)をかけて包む[a]。

3. **2**の全体に塩、こしょう各小さじ1/2 (分量外)をふり、全体にオリーブオイル大さじ3 (分量外)をかけ、タイムをのせ、オーブンの中段で23～25分焼く。

4. にんにくは皮から押し出す。タイムを取り除き、トマト、玉ねぎ、にんじん、にんにくをミキサーに入れる。コンソメスープ、バジルを加えて攪拌し、なめらかにする。

5. 鍋に**4**を入れて弱火にかけ、トマトピューレ、カイエンペッパー、砂糖を加える。生クリームを加え、混ぜ合わせる。器に盛り、お好みで生クリームとオリーブオイル (各分量外)をかけ、バジル (生・分量外)をのせる。

🔊 **English Audio > p.12**

Ingredients & Instructions　Serves 2-3

3 large tomatoes
1 onion
1 carrot
1 whole garlic
3-4 sprigs of thyme
500mL chicken consommé soup
(dissolve 2 chicken consommé soup cubes in 500mL hot water)
2-3 sprigs of basil
200mL tomato puree
1/2 tsp cayenne pepper
1 tsp sugar
3 tbsp fresh cream (35% fat)

1. Cut the tomatoes and onion into quarters. Cut the carrot into random slices. Preheat the oven to 230°C.

2. Spread out the ingredients listed in step **1** onto a baking tray lined with baking paper. Cut the top off a whole garlic (unpeeled), place on some aluminium foil, add olive oil (1 tbsp) and wrap [a].

3. Sprinkle salt and pepper (1/2 tsp each) and drizzle olive oil (3 tbsp) all over the tomatoes, onions, and carrots, top with thyme, and bake on the middle shelf of the oven for 23-25 min.

4. Squeeze the garlic out of its skin. Remove the thyme and put the tomatoes, onions, carrots and garlic in a blender. Add the chicken consommé soup and basil, and blend until smooth.

5. Put the ingredients from step **4** into a saucepan on low heat. Add the tomato puree, cayenne pepper and sugar. Add the cream and mix well. Serve in a bowl, drizzle with olive oil and cream to taste, and top with basil.

Spicy Kabocha & Coconut Soup

ピリ辛かぼちゃとココナッツのスープ｜フランス

材料　2〜3人分

かぼちゃ — 1/2個（650〜700g）
玉ねぎ — 1個
にんにく — 2片
カレー粉 — 小さじ1
赤とうがらし（細かく刻む） — 小さじ1
チキンコンソメスープ — 150mL
※チキンコンソメスープの素1個を湯150mLに溶かす
ココナッツミルク — 250mL
はちみつ — 大さじ1
塩、こしょう — 各小さじ1

作り方

1 かぼちゃは耐熱容器に入れてふんわりとラップをかけ、電子レンジで8〜10分加熱し、種と皮を取り（種は捨てずに取っておく）、一口大に切る。玉ねぎは1cm幅に、にんにくは薄切りにする。

2 鍋にオリーブオイル大さじ2（分量外）を熱し、玉ねぎを炒める。にんにくを加え、玉ねぎがきつね色になるまで炒める。

3 カレー粉、赤とうがらしを加え、よく混ぜる。かぼちゃを入れ、ふたをして5分蒸し焼きにする。コンソメスープを加え、ふたをして弱めの中火でさらに10分煮込む。かぼちゃがやわらかくなったらココナッツミルクを加える。かぼちゃをつぶしながらよく混ぜ、火を止めて粗熱が取れるまでさます。

4 3をミキサーに入れて攪拌し、なめらかにする。

5 4を再び鍋に入れてはちみつと塩、こしょうとを加えて混ぜる。器に盛り、お好みで生クリーム（分量外）をかけ、塩バター焼きかぼちゃの種（下記）をのせる。

Pumpkin Seeds Roasted with Salt & Butter

塩バター焼きかぼちゃの種｜アメリカ

材料　2人分

かぼちゃの種 — 1/2個分
バター — 大さじ2
塩 — 小さじ1/2

作り方

1 かぼちゃの種はワタを洗い落とし、水気をしっかりと拭き取る。

2 1をフライパンで乾煎りし、バターと塩を加え、きつね色になるまで炒める。

Gazpacho Soup
ガスパチョスープ｜スペイン

Spain

ガスパチョはスペインの暑い夏を乗り切るために生まれたトマトの冷製スープで、各家庭独自の作り方があるくらいメジャーなスープです。僕は、幼い頃に母から作り方を教わり、家族のために作るのを手伝っていました。母はマドリードの大学に通っていたときに、友人からこのスペインの伝統的な冷製スープのレシピを教わったそうです。火を使わなくてでき、さっぱりしていますが、野菜をもりもり食べるようなボリュームがあり栄養価も高いです。好きなトッピングを追加できるのが気に入っています。僕は少しタバスコ®を加えてスパイシーに仕上げるのが好きです。

材料　2〜3人分

玉ねぎ — 1個
きゅうり — 1本
ピーマン — 3個
トマト — $\frac{1}{2}$個
ゆで卵 — 1個
にんにく — 2片
カットトマト缶 — 1缶 (400g)
オリーブオイル — 大さじ3
塩、こしょう — 各小さじ1
食パン — 1枚
酢 — 大さじ2
水 — 230mL

クルトン
食パン — 1枚

作り方

1 玉ねぎときゅうりは、半分を一口大に、もう半分をみじん切りにする。ピーマンは、2個は一口大に、1個は粗みじん切りにする。トマトとゆで卵はそれぞれ粗みじん切りにする。にんにくはつぶす。

2 ミキサーにトマト缶、オリーブオイル、塩、こしょう各小さじ$\frac{1}{2}$を入れて攪拌し、なめらかにする。一口大に切った玉ねぎ、きゅうり、ピーマンとにんにくを加え、再び攪拌する。一口大にちぎったパン、酢、水を加えて攪拌し、塩、こしょう各小さじ$\frac{1}{2}$で味をととのえる。ボウルなどに移し、冷蔵庫で20分以上ひやす。

3 **クルトンを作る。**クルトン用のパンは2cm角に切り、熱したフライパンで乾煎りする。

4 器にスープを盛り、オリーブオイル大さじ1 (分量外) を回しかけ、みじん切りにした玉ねぎ、きゅうり、粗みじん切りにしたピーマン、トマト、ゆで卵とクルトンをのせる。お好みでタバスコ® (分量外) をかける。

Ingredients & Instructions *Serves 2-3*

1 onion
1 cucumber
3 green peppers
$\frac{1}{2}$ tomato
1 boiled egg
2 cloves of garlic
1 can (400g) of chopped tomatoes
3 tbsp of olive oil
1 tsp each of salt and pepper
1 slice of bread
2 tbsp of vinegar
230mL water

croutons
1 slice of bread

🔊 **English Audio > p.12**

1 Chop half of the onion into bite-sized pieces and finely chop the other half. Chop half of the cucumber into bite-sized pieces and roughly chop the other half. Chop two green peppers into bite-sized pieces and roughly chop another. Crush the garlic. Roughly chop the tomatoes and boiled eggs.

2 Put the canned tomatoes, olive oil, salt and pepper ($\frac{1}{2}$ tsp each) in a blender and blend until smooth. Add the bite-sized pieces of onions, cucumbers, green peppers and garlic, and blend again. Add vinegar, bread torn into bite-sized pieces, water and blend, then add salt and pepper (about $\frac{1}{2}$ tsp each) to taste. Transfer to a bowl or a container and chill in the refrigerator for at least 20 min.

3 **Make the croutons.** Cut the bread into cubes and toast in a hot frying pan until crispy (without adding butter or oil).

4 Place the soup in bowls, and drizzle with olive oil (1tbsp). Top with chopped onions, cucumbers, green peppers, tomatoes, boiled egg and croutons. Add Tabasco® sauce to taste.

65

Column
英語でCooking

知っておくと便利な、
料理のときによく使われる英単語を紹介します。
実際どう使われているか、
英語レシピがある料理で見てみて！

材料

Ingredients
材料

Tablespoon
大さじ｜tbspと略する

Teaspoon
小さじ｜tspと略する

Eggwash
溶き卵

切り方

Dice
さいの目に切る｜さいころの意味もある！

Chop
刻む

Mince
みじん切りにする、細かく刻む｜いわゆるミンチ

Thinly slice
薄切りにする

動作

Fry
炒める

Deep fry
揚げる
深く炒めると、「揚げる」になる！

Sauté
炒める
フランス語のソテーのこと

Sear
表面を焼く

Char
焦がす

Simmer
煮る

Roast
オーブンや直火など、
長時間熱にさらして調理すること

Knead
こねる

Mix
混ぜる

Blend
混ぜる、攪拌する

Baste
焼きながら
油や溶かしバターをかけること

Zest
果物の皮をすりおろすこと

Heat
温める、火にかける

Preheat
予熱する

Reduce
煮詰める

Melt
溶かす

Tenderise
やわらかくする

Mash
つぶして混ぜること

Crush
（強く押して）つぶす

Caramelise
キャラメル化する

Sprinkle
ふりかける

Arrange
（組み合わせて）盛り付ける

Serve
盛り付ける

Chapter 3

Mains
&
Side Dishes

メイン、サイドディッシュ

メインには、それだけでお腹がいっぱいになるハンバーガーやパスタから、お肉料理、お魚料理までを紹介します。イギリスの伝統料理ビーフ・ウェリントンは、特別な日のために一日かけて料理するもので、その味は、手間暇かける価値ありです。約束します！　みんな絶対大好きだといいます！　アメリカで人気の代替の野菜ステーキはソースも美味しく食べて満足するからぜひ、試してみてほしいです。サイドディッシュには絶品ポテトやコールスローなどを紹介します。

Double Cheese Burger
ダブルチーズバーガー｜アメリカ

 USA

僕はハンバーガーが大好きです！ いろいろアレンジできるのが気に入っています。でも、クラシックなチーズバーガーに勝るものはないと思います。特にパティを作るときに肉を鉄板に焼き付けてカリっとさせる「スマッシュバーガー」が大好きです。フレッシュさを出すためにレタスとトマトを入れます（トマトに塩をかけるのを忘れないで）。パンの内側をバターで焼くと、ソースでパンがふやけるのを防ぎ、また、美味しくなります！ スペシャルソースがすごく美味しいですが、ベーコンジャム (p.131) にしても、これも味変になって good!! 試してみてください。

French Fries
フライドポテト｜アメリカ、フランス

  USA, France

フライドポテトなしではハンバーガーは食べられません！ ということで、僕のレシピをご紹介。フライドポテト（フレンチフライ）はもともとフランス（ベルギーという人も）で考案されましたが、アメリカでは非常に人気があり、自国料理として主張しています。フィッシュ＆チップス (p.104) のイギリスのポテトは厚切りですが、フライドポテトは細いです。揚げる前にポテトを冷凍庫でひやすと、外はカリカリ、中はふわふわになりますよ！

Double Cheese Burger

ダブルチーズバーガー｜アメリカ

材料　1人分

- バーガーバンズ ― 1組
- 合いびき肉 ― 180g
- チェダーチーズ(スライス) ― 2枚
- サニーレタス ― 1枚
- トマト(スライス) ― 1枚
- **スペシャルソース**(作りやすい分量)
- ピクルス(ガーキン・みじん切り) ― 1本
- マヨネーズ ― 大さじ5
- はちみつ ― 大さじ1
- ディジョンマスタード ― 大さじ1
- パプリカパウダー ― 小さじ2
- ホットソース ― 小さじ1
- スモークハバネロソース ― 小さじ1

作り方

1 スペシャルソースの材料は混ぜ合わせる。

2 ひき肉は2等分にしてボール状に丸める。

3 フライパンにオリーブオイル大さじ2(分量外)を熱し、**2**を1個入れ、クッキングシートをかぶせて鍋底などで押しつぶして平らにしたら [a]、クッキングシートを取って塩、こしょう各小さじ$\frac{1}{4}$(分量外)をふり、2分焼く。裏返して塩、こしょう各小さじ$\frac{1}{4}$(分量外)をふり、チーズを1枚のせ、ふたをして2分焼く。もう1個も同じように焼く。

4 別のフライパンにバター小さじ1(分量外)を熱し、バンズ(上)(下)の内側を下にして焼く。

5 バンズ(下)にスペシャルソース大さじ2をぬり、食べやすい大きさに切ったレタス、トマトをのせ、トマトに塩ひとつまみ(分量外)をふる。**3**を2枚重ねてスペシャルソース大さじ2をのせ、バンズ(上)を重ねる。

[a]

French Fries

フライドポテト｜アメリカ、フランス

材料　1人分

- じゃがいも ― 2個
- 塩 ― 小さじ$\frac{1}{2}$

作り方

1 じゃがいもは皮をむき、1cm角の拍子木切りにし、水にさらす。

2 鍋に湯を沸かし、**1**をゆでる。中までフォークが通ったらざるにあげる。粗熱が取れたら水気を拭き取り、バットなどにくっつかないように並べて入れ、冷凍庫で15～20分ひやす。

3 鍋の半分の高さまで揚げ油(分量外)を入れて180℃に熱し、冷凍されたままの**2**をきつね色になるまで揚げる。揚がったらキッチンペーパーにあげて油を切り、塩をふる。

69

Mini Sloppy Joe's
ミニスロッピージョー ｜ アメリカ

材料　6〜8個分

牛ひき肉 ― 400g
玉ねぎ ― 1個
ピーマン ― 2個
ミニフランスパン ― 6〜8個
A ┃ トマトケチャップ ― 200g
　　水 ― 50mL
　　三温糖 ― 大さじ2
　　イエローマスタード ― 小さじ2
　　ウスターソース ― 小さじ2
　　ガーリックパウダー ― 小さじ½
塩、こしょう ― 各小さじ½
チェダーチーズ（ブロック）― 50g

作り方

1　玉ねぎとピーマンは粗みじん切りにする。パンは横に切り込みを入れる。

2　フライパンにオリーブオイル大さじ1（分量外）を熱し、玉ねぎを炒める。しんなりとしてきたらピーマンを加えて2〜3分炒める。玉ねぎとピーマンを端に寄せ、空いたところにひき肉を入れる。焼き色がつくまで焼いたら、また端に寄せ、余分な脂を拭き取る。

3　全体を混ぜ、Aを加えて混ぜ、塩、こしょうを加えて、弱火にして8〜10分煮込む。

4　別のフライパンにバター大さじ1（分量外）を熱し、パンを切り口を下にして焼く。

5　パンに3とすりおろしたチーズをのせ、はさむ。

🇺🇸 **USA**

「スロッピー」には「汚れた」とか「だらしない」という意味があります。スロッピージョーは、とても変わった名前の料理ですが、実はこのサンドイッチの起源については諸説あって、誰がどのように作ったのかわかりません。でも、このひき肉のトマトソースをはさんだサンドイッチはアメリカで人気の家庭料理で、学校のカフェテリアでも提供されています。比較的経済的だし簡単に作れるので、大量に作ったりします。肉がたっぷりでトマトソースの甘味があり、これは子どもも大人も間違いなく気に入るサンドイッチです！

Ingredients & Instructions Make 6-8

🔊 English Audio > p.12

400g ground beef
1 onion
2 green peppers
6-8 mini French bread
A 200g tomato ketchup
   50mL water
   2 tbsp brown sugar
   2 tsp yellow mustard
   2 tsp Worcestershire sauce
   ½ tsp garlic powder
½ tsp each of salt and pepper
50g Cheddar cheese

1. Roughly chop the onion and green peppers. Cut the bread in half horizontally.

2. Heat olive oil (1 tbsp) in a frying pan and fry the onions. Once it has softened, add the green peppers and fry for 2-3 min. Push the onions and green peppers to the side and add the minced meat to the pan. Fry until browned, then push it to the side and wipe off any excess oil.

3. Add the ingredients listed in A, and mix well. Adjust the taste with salt and pepper, reduce the heat to low and simmer for 8-10min.

4. In another frying pan, melt butter (1 tbsp) and toast the bread cut side down.

5. Place the meat filling onto the bread with grated cheese and sandwich it together.

Balsamic Meatballs

バルサミコミートボール｜イタリア、アメリカ

 Italy, USA

テキサスからカリフォルニアまでのドライブ旅行の途中の町で立ち寄ったレストランで食べた、バルサミコミートボール。スープボウルに、バター風味のバルサミコソースとたっぷりのレーズンが入っていました。ミートボールが美味しく、ソースも最高！ この素晴らしい料理を再現したくて、自宅で作ってみることに。カリカリのくるみと甘いレーズンが、バルサミコソースのパンチと完璧なバランスで、イタリアンハーブミックスを加えたミートボールにたっぷりかけると、何度も食べたくなる忘れられない味となります！

材料　2人分（12個）

合いびき肉 — 350g
玉ねぎ — 1/2個
レーズン — 70g
にんにく(すりおろす) — 3片
卵 — 1個
パルメザンチーズ — 20g
パン粉 — 20g
イタリアンハーブミックス — 大さじ1と1/2
　＊または
　A ｜ オレガノ(ドライ) — 小さじ1
　　　｜ パセリ(ドライ) — 小さじ1
　　　｜ ローズマリー(ドライ) — 小さじ1
　　　｜ パプリカパウダー — 小さじ1
塩、こしょう — 各小さじ1/2

バルサミコソース

バルサミコ酢 — 500mL
レーズン — 70g
くるみ(ロースト) — 25g
はちみつ — 大さじ2
バター — 大さじ1
重曹 — 小さじ1/3

作り方

1 バルサミコソースを作る。小鍋にバルサミコ酢を入れて強火にかける。沸いたら弱火にしてレーズン、砕いたくるみを加え、煮詰める。量が半分くらいになったら、はちみつ、バター、重曹を加えて火にかけながら混ぜ合わせる。

2 玉ねぎはみじん切りにする。ボウルにひき肉、玉ねぎ、レーズン、にんにく、卵、パルメザンチーズ、パン粉、イタリアンハーブミックス（または**A**）、塩、こしょうを入れてこね、12等分の一口大に丸める。

3 フライパンにオリーブオイル大さじ1(分量外)を熱し、**2**を並べ入れる。2分経ったら裏返し、弱火にし、ふたをして5分焼く。

4 **3**を再び裏返し、全面に焼き色がついたら器に盛り、**1**をかける。お好みでパルメザンチーズ(分量外)をかける。

Greek Burgers [Biftekia]

ギリシャハンバーグ｜ギリシャ

Greece

日本のハンバーグが好きなら、きっとこのギリシャ風ハンバーグも気に入ると思います！ひき肉にミントを混ぜたハンバーグです。10代の頃、休暇でギリシャに行ったときに食べて美味しかったことを思い出して、レシピを考えました。基本的にオレガノ、ミント、オリーブオイルで味付けすれば、何でもギリシャ料理の味にすることができると思います！ パティにして、バンズにはさんでハンバーガーにしてもよいと思います。ザジキソースが爽やかな味わいで、夏にもぴったりなハンバーガーだと思います。

材料 2〜3人分

合いびき肉 — 400g
赤玉ねぎ — $\frac{1}{2}$個
パン粉 — 50g
卵 — 1個
A パセリ(生・みじん切り) — 大さじ3〜4
スペアミント(生・みじん切り) — 大さじ1
オレガノ(ドライ) — 小さじ1
塩、こしょう — 各小さじ1

ザジキソース(作りやすい分量)
きゅうり — 1本
ギリシャヨーグルト — 100g
レモンのしぼり汁 — 1個分
にんにく(すりおろす) — 1片
オリーブオイル — 大さじ2
ディル(生・みじん切り) — 大さじ1と$\frac{1}{2}$
スペアミント(生・みじん切り) — 大さじ1と$\frac{1}{2}$
塩 — 適量

作り方

1 **ザジキソースを作る。** きゅうりをスライサーで2cm長さのせん切りにし、材料をすべて混ぜ合わせる。

2 赤玉ねぎはみじん切りにする。ボウルにひき肉、赤玉ねぎ、パン粉、卵、**A**、塩、こしょうを入れてよくこね、6等分の丸形に成形する。

3 フライパンにオリーブオイル大さじ2(分量外)を熱し、**2**を並べ入れる。焼き色がつき、中に火が通るまで片面4分ずつ焼く。

4 器に盛り、ザジキソースを添える。

Ingredients & Instructions Serves 2-3

400g minced beef / pork
1/2 red onion
50g panko breadcrumbs
1 egg
A 3-4 tbsp parsley (chopped)
1 tbsp spearmint (chopped)
1 tsp oregano
1 tsp each of salt and pepper

Tzatziki sauce (amount that is easy to make)
1 cucumber
100g Greek yoghurt
Juice of 1 lemon
1 clove of garlic (grated)
2 tbsp olive oil
1 1/2 tbsp dill (chopped)
1 1/2 tbsp spearmint (chopped)
Salt to taste

English Audio > p.12

1 **Make the Tzatziki sauce.** Slice the cucumber into 2cm long sticks using a slicer and mix all the ingredients for the sauce together.

2 Finely chop the red onion. Put the minced beef / pork, red onion, panko breadcrumbs, egg, and all the ingredients listed in **A**, and salt and pepper into a bowl. Mix well, then use your hands to make 6 evenly shaped round patties.

3 Heat olive oil (2 tbsp) in a frying pan and add the burger patties to the pan. Fry for 4 min on each side until nicely browned and cooked through.

4 Serve on a plate with Tzatziki sauce.

KFC-style Fried Chicken
KFC風フライドチキン｜アメリカ

Coleslaw
コールスロー｜アメリカ

KFC-style Fried Chicken

KFC風フライドチキン｜アメリカ

 USA

KFCのフライドチキンはカーネル・サンダースが考案して以来秘密にされてきた、11種のハーブとスパイスを今でも使用しているといわれています。そこで、できるだけ似たようなチキンを自分で作ってみることに。アメリカでは一般的なバターミルクが、日本では見つけにくいので、代わりに牛乳とレモン汁を混ぜました。11種類のハーブとスパイスは多いのでは？と思うかもですが、信じてください、それがこのチキンを信じられないほど美味しくしているのです！ チキンの各ピースにできるだけ多くのハーブとスパイスのミックスをぬることが鍵です。

材料　2〜3人分

鶏もも肉 — 2枚
鶏ささみ肉 — 2枚
牛乳 — 240mL
レモンのしぼり汁 — 大さじ1

ハーブとスパイスのミックス
薄力粉 — 125g
パプリカパウダー — 大さじ2
粉からし — 大さじ1
ガーリックパウダー — 大さじ1
白こしょう — 大さじ1
粗びき黒こしょう — 大さじ1
塩 — 大さじ1/2
タイム (ドライ) — 小さじ1
バジル (ドライ) — 小さじ1
オレガノ (ドライ) — 小さじ1
ジンジャーパウダー — 小さじ1
うまみ調味料 — 小さじ1

作り方

1 保存袋に鶏肉、牛乳、レモン汁を入れて30分漬け込む。

2 ボウルに**ハーブとスパイスのミックス**の材料を入れて混ぜ合わせる。

3 鍋に揚げ油 (分量外) を180℃に熱し、**2**をまぶした**1**を1枚ずつ揚げる。ももは10分、ささみは5分が目安。揚がったら網などにのせて油を切る。

Coleslaw

コールスロー｜アメリカ

 USA

コールスローは、特にバーベキューやフライドチキンの付け合わせとして、アメリカで最も人気のあるサイドディッシュのひとつです。アメリカでは各家庭で独自のレシピを持っていることが多く、これは僕のバージョンです。キャベツとにんじんは、ソースがよく絡んで食べやすくなるように、せん切りを短く切るのがおすすめ。プルドポークサンドイッチ (p.90) に入れたり、ダブルチーズバーガー (p.68) やバッファローウイング (p.80) のサイドディッシュに最適です！

材料　2〜3人分

キャベツ — 1/8個
赤キャベツ — 1/8個
にんじん — 1/2本
A マヨネーズ — 120g
　　りんご酢 — 大さじ2
　　ディジョンマスタード — 大さじ1
　　砂糖 — 大さじ1
　　塩、こしょう — 各小さじ1/2

作り方

1 キャベツ、赤キャベツ、にんじんはせん切りにし、2〜3cm長さに切る。

2 ボウルに**A**を入れて混ぜ合わせる。**1**を加えて全体にあえる。

Chicken Parmigiana

チキンパルミジャーナ｜アメリカ

 USA

アメリカ北東部のイタリア移民によって考案され、1950年代に人気になった「鶏肉を生地にしたピザのような料理」です。現在、ほとんどのイタリア系アメリカ人のレストランのメニューに載っています。もちろん家庭でも作られる人気メニューです。イタリアでは鶏肉ではなく、なすを使うので、実はイタリアでこの料理を見つけるのはすごく難しいです！パサつきやすい鶏むね肉ですが、このレシピではパン粉をまぶすことで肉汁が閉じ込められるのでパサつかず、上にのせたトマトソースやモッツァレラとも合い、ジューシー！

材料 2人分

鶏むね肉 ― 1枚（350〜400g）
塩、こしょう ― 各小さじ1/2
パン粉 ― 20g
パルメザンチーズ ― 10g
薄力粉 ― 適量
卵 ― 1個
モッツァレラチーズ ― 1個（100g）

トマトソース
玉ねぎ ― 1個
にんにく ― 2片
チキンコンソメスープ ― 150mL
※チキンコンソメスープの素1個を湯150mLに溶かす
トマトピューレ ― 200g
塩、こしょう ― 各小さじ1/2
オレガノ（ドライ）― 小さじ1
バジル（生・みじん切り）― 小さじ1

作り方

1 トマトソースを作る。玉ねぎは粗みじん切り、にんにくは薄切りにする。鍋にオリーブオイル大さじ1（分量外）を熱し、玉ねぎを2分炒める。にんにくを加えてコンソメスープ、トマトピューレ、塩、こしょうを加える。オレガノ、バジルを加えたら弱火にしてとろみがつくまで煮詰める。

2 鶏肉は水気を拭き取り、厚さを半分に切る。ラップではさみ、鍋底などでたたき、1cmの厚さにする。両面に塩、こしょうをふる。

3 バットにパン粉とパルメザンチーズを入れて混ぜる。

4 フライパンに底から5mmくらいの高さまでオリーブオイル（分量外）を入れて熱する。薄力粉、溶きほぐした卵、**3**の順にまぶした鶏肉を片面2分ずつ揚げ焼きにして取り出す。

5 モッツァレラチーズはキッチンペーパーで包んで押しつぶすようにして水分をしぼり、5mm厚さに切る。オーブンは180℃に予熱する。

6 クッキングシートを敷いた天板に**4**を並べ、トマトソースをのせる。モッツァレラチーズをのせ、パルメザンチーズ適量（分量外）をふり、オーブンの中段で15〜20分焼く。お好みでバジル（生・分量外）をのせる。

Buffalo Wings
バッファローウイング ｜ アメリカ

🇺🇸 USA

1960年代にニューヨーク州バッファローで考案されたこの料理は、アメリカで非常に人気があり、ドミノ・ピザなどの多くのフランチャイズ店が提供しています。実は、スポーツバーも美味しいバッファローウイングを提供することで知られています。肉にまぶしたバッファローソースとランチドレッシングの、スパイシーさとクリーミーさの絶妙さが、本当に美味しいのです。大人数でのカジュアルなパーティーに、大量に作るのもいいです！

材料　2〜3人分

鶏肉手羽先と手羽元 ― 合わせて700g

A
薄力粉 ― 30g
パプリカパウダー ― 大さじ1
ガーリックパウダー ― 小さじ1
オニオンパウダー ― 小さじ1
塩、こしょう ― 各小さじ1

オリーブオイル ― 大さじ3
にんにく ― 4片

ランチドレッシング（作りやすい分量）
マヨネーズ ― 115g
サワークリーム ― 60g
ガーリックパウダー ― 小さじ1/2
オニオンパウダー ― 小さじ1/2
パセリ（ドライ）― 小さじ1/2
ディル（ドライ）― 小さじ1/2
塩、こしょう ― 各小さじ1/2

バッファローソース
ホットソース ― 120g
バター ― 55g
はちみつ ― 大さじ2
りんご酢 ― 大さじ1
塩 ― 小さじ1/2

作り方

1 オーブンは230℃に予熱する。

2 天板にクッキングシートを敷き、水気を拭き取った鶏肉をのせる。**A**を混ぜ合わせてふりかけ、鶏肉にしっかりとまぶす [a]。さらにオリーブオイルをまぶす。鶏肉が重ならないように並べ、にんにくを皮つきのまま隙間にのせる [b]。オーブンの中段で20分焼く。

3 **2**を焼いている間に**ランチドレッシング**の材料をすべて混ぜ合わせ、冷蔵庫で休ませる。

4 20分経ったら**2**のにんにくを取り出してつぶす。鶏肉を裏返し、さらに15〜20分焼く。

5 **バッファローソースを作る**。小鍋に**4**で取り出したにんにく、ホットソース、バターを入れて弱火で熱し、混ぜながらバターを溶かす。はちみつ、りんご酢、塩を加えて中火で混ぜる。沸騰してきたら弱火にし、とろみがつくまで煮る。

6 オーブンから取り出した鶏肉にしっかりとバッファローソースを絡め、再びオーブンで5分焼く。器に盛り、ランチドレッシングを添える。お好みで小口切りにした青ねぎ（分量外）をかける。

Chicken Satay with Peanut Sauce
タイ風チキンサテーとピーナッツソース｜タイ

材料　2〜3人分

鶏もも肉 — 2枚(600g)

マリネ液
ココナッツミルク — 120mL
カレー粉 — 小さじ1
グラニュー糖 — 小さじ1
塩 — 小さじ1/2

ピーナッツソース(作りやすい分量)
ココナッツミルク — 180mL
ピーナッツバター — 大さじ3
グラニュー糖 — 小さじ2
シラチャーチリソース — 小さじ1
ナンプラー — 小さじ1
酢 — 小さじ1

作り方

1. ボウルに**マリネ液**の材料を入れて混ぜ合わせる。
2. 鶏肉は2cm角に切り、**1**に漬け、冷蔵庫で10分以上おく。
3. 鍋に**ピーナッツソース**の材料をすべて入れて弱火〜中火にかけ、混ぜながら5分煮込む。
4. 冷蔵庫から取り出した鶏肉を串に刺し、グリルに入れ、強火で片面3〜4分ずつ焼く。器に盛り、ピーナッツソースを添える。

シラチャーチリソースって？
とうがらしとにんにくをベースとした、タイのホットソース。タイ料理にはこれがよく合います。麺、揚げ物、炒め物にかけても！

Thai style Pickles
タイ風漬物｜タイ

材料　2〜3人分

きゅうり — 1/2本
エシャロット
　— 1個(または赤玉ねぎ1/4個)
酢 — 60mL
水 — 30mL
グラニュー糖 — 50g

作り方

1. きゅうりは2mm厚さの小口切り、エシャロットは薄切りにする。
2. 保存容器に酢、水、グラニュー糖を入れて混ぜ合わせ、**1**を入れて冷蔵庫で20分漬ける。

Thai style Pickles

タイ風漬物｜タイ

 Thailand

酢とグラニュー糖と水のシンプルな調味液に漬けただけの、即席漬物。甘酸っぱさが、クセになる美味しさです。

Chicken Satay with Peanut Sauce

タイ風チキンサテーとピーナッツソース｜タイ

 Thailand

タイのサテーは豚肉や牛肉で作られることが多いですが、鶏肉が観光客にとても人気があり、今では多くのレストランや屋台で鶏肉のサテーを見つけることができます。タイに住んでいた頃は、地元の屋台で少なくとも週に1回は食べていました。僕のサテーは、ココナッツミルクとカレー粉などに漬け込んだ鶏肉を串に刺して、ピーナッツソースをたっぷりつけて食べます。このメニューは、ディナーパーティーの前菜にもぴったりです。甘酸っぱいタイ風漬物と一緒に食べるのがおすすめ。

Souvlaki [Gyro] Flatbread Wrap

スブラキ(ギロ)のフラットブレッドラップ｜ギリシャ

🇬🇷 Greece

これはギリシャの伝統的なストリートフード(屋台料理)です。10代のときにギリシャで初めて食べて本当に美味しくてびっくりしました。スブラキは通常、串に刺してグリルで焼き、パンと一緒にまたはパンはなしで食べます。ギロはチキンをロティサリーという肉の塊を回転させながら焼く機械で焼いたものを、ピタパンまたはフラットブレッドにはさんで食べます。僕のレシピは、ちょうどその中間のバージョン。グリルチキン、新鮮な野菜、クリーミーなザジキソース、フライドポテトの組み合わせは最高で、もっと食べたくなります！

材料 2人分

鶏もも肉 — 2枚(600g)
塩、こしょう — 各小さじ1/2
オレガノ(ドライ) — 小さじ2
赤玉ねぎ — 1/2個
ミニトマト — 8個

フラットブレッド
ギリシャヨーグルト — 125g
薄力粉 — 125g
ベーキングパウダー — 小さじ1と1/2
塩 — 小さじ1/2
ザジキソース(p.75参照) — 適量

作り方

1 **フラットブレッドを作る。**ボウルにすべての材料を入れて混ぜ合わせる。台に打ち粉(分量外)をふり、生地を取り出す。なめらかになるまで2分ほどこねて丸め[a]、布巾をかけて20分休ませる。2等分にして丸め[b]、生地を3〜4mm厚さにめん棒で丸くのばす。フライパンを熱し、片面1分ずつ焼く。

2 鶏肉の両面に塩、こしょうをまぶし、オレガノをふる。フライパンにオリーブオイル適量(分量外)を熱し、中に火が通るまで両面焼く。

3 赤玉ねぎは薄切りにする。ミニトマトは半分に切る。

4 **ザジキソース**を作る(p.75参照)。

5 フラットブレッドにザジキソースをのせ、1〜2cmに切った**2**をのせる。赤玉ねぎ、ミニトマトをのせて巻く。お好みでフライドポテト(p.69参照)を添える。

[a]

[b]

Flatbread

フラットブレッド｜ギリシャ

🇬🇷 **Greece**

フライパンで焼けて、とても簡単に作れるパンレシピです！ これが焼けるようになるととても便利ですよ。

Zürcher Geschnetzeltes

豚肉のクリーム煮｜スイス

🇨🇭 Switzerland

もしあなたがスイスを訪れ、地元のレストランに行くと、たいていこの料理がメニューにあるでしょう！　いわゆるスイス料理といわれるものは、実際すごく少ないのですが、これはそのうちのひとつです。スイスの家庭でもこの料理を作っています。僕にとってスイスを訪れるたびに、食べるのを楽しみにしている料理のひとつです。このレシピは豚ヒレ肉を使用しましたが、スイスソーセージのスライスでも作れます。レシュティ (p.114) を添えて食べるのがおすすめです。

材料　2人分

玉ねぎ — 1個
マッシュルーム — 100g
豚ヒレ肉（ブロック）— 400g
薄力粉 — 大さじ1と1/2
白ワイン — 50mL
ビーフコンソメスープ — 50mL
※ビーフコンソメスープの素1個を湯50mLに溶かす
生クリーム（乳脂肪分45%）— 120mL
塩、こしょう — 各小さじ1/2
パセリ（生・みじん切り）— 大さじ2

レシュティ（p.114参照）— 1枚

作り方

1 玉ねぎはさいの目切り、マッシュルームは石づきを取り、薄切りにする。豚肉はスライスして一口大に切り、薄力粉大さじ1/2をまぶす。

2 フライパンにバター大さじ1とオリーブオイル大さじ1（ともに分量外）を熱し、豚肉を焼く。焼き色がついたら取り出す。

3 同じフライパンに玉ねぎを入れ、2分炒める。マッシュルームを加え4〜5分炒めたら薄力粉大さじ1を加えて全体を混ぜる。白ワイン、コンソメスープを加えて混ぜながら加熱する。沸騰したら火を弱め、中〜弱火でとろみがつくまで混ぜながら煮込む。とろみがつかなければコーンスターチ大さじ1（分量外）を加えて煮込む。

4 3に生クリーム、塩、こしょうを加える。肉を戻し入れ、さらに2分ほど煮込む。レシュティ（p.114参照）とともに器に盛り、パセリをふる。

Ingredients & Instructions　Serves 2

🔊 **English Audio > p.12**

1 onion
100g mushrooms (brown or white)
400g pork tenderloin
1 1/2 tbsp cake flour
50mL white wine
50mL beef consommé soup
　(dissolve 1 beef consommé soup cube
　in 50mL hot water)
120mL fresh cream (45% fat)
1/2 tsp each of salt and pepper
2 tbsp parsley (chopped)
Rösti

1　Dice the onion, remove the stems from the mushrooms and slice thinly. Cut the pork into bite-sized pieces and coat with cake flour (1/2 tbsp).

2　Heat butter (1 tbsp) and olive oil (1 tbsp) in a frying pan and fry the pork. Once it has browned, remove from the frying pan.

3　Add the onions to the same frying pan and fry for 2 min. Add the mushrooms and fry for 4-5 min, then add cake flour (1 tbsp) and mix well. Add the white wine and beef consommé soup and heat while stirring. Once it is boiling, reduce the heat and simmer over medium-low heat while stirring until the mixture thickens. If it is not thickening, you can also add cornstarch (1 tbsp).

4　Add the cream, salt and pepper to the frying pan. Add the meat back in and simmer for another 2 min. Serve on a plate with Rösti (Ingredients/Recipe p.114) and sprinkle with parsley.

Asian Spare Ribs

アジア風スペアリブ｜東南アジア

BBQソースを使ったスペアリブはアメリカでとても人気がありますが、僕はアジアの味で作ってみたいと思い、オリジナルでソースを考えました。このスペアリブを作るときは、リブを弱火でじっくり調理することが重要です。そうすることで、骨から簡単に外れるほどやわらかくなります。やわらかいお肉に、にんにくのきいた甘じょっぱいソースがとても美味しく、友人が夕食を食べに来たときに、作ってほしいと頼まれるほどです。

材料　2〜3人分

豚スペアリブ ― 500g
にんにく ― 5片
ビーフコンソメスープ ― 300mL
※ビーフコンソメスープの素1個を湯300mLに溶かす

A ｜ ウスターソース ― 大さじ2
　　 はちみつ ― 大さじ2
　　 しょうゆ ― 大さじ2
　　 酒 ― 大さじ2
　　 トマトケチャップ ― 小さじ1
　　 パプリカパウダー ― 小さじ1
　　 カイエンペッパー ― 小さじ1

作り方

1 にんにくは、包丁の腹でつぶす。

2 鍋にオリーブオイル大さじ1（分量外）を熱し、強火でスペアリブの表面に焼き色をつける。

3 にんにく、コンソメスープを加えて加熱する。沸いたら弱火にして**A**を加えて混ぜ、1時間ほど煮込む。1時間経ったら肉を裏返し、さらに1時間煮込む。アクが出たら取りながら煮込む。

4 器に盛り、鍋に残ったソースをかける。

Ingredients & Instructions　Serves 2-3

500g pork spare ribs
5 cloves of garlic
300mL beef consommé soup
　(dissolve 1 beef consommé soup cube
　in 300mL hot water)

A ｜ 2 tbsp Worcestershire sauce
　　 2 tbsp honey
　　 2 tbsp soy sauce
　　 2 tbsp sake
　　 1 tsp tomato ketchup
　　 1 tsp paprika powder
　　 1 tsp cayenne pepper

English Audio > p.12

1 Crush the garlic with the flat side of a knife.

2 Heat olive oil (1 tbsp) in a large pot and brown the outside of the spare ribs over high heat.

3 Add the garlic and beef consommé soup. Once boiling, reduce the heat to low, add all the ingredients listed in A, mix well and simmer for about 1 hour. Turn the meat over and simmer for another hour. Skim any scum that floats to the surface as you simmer.

4 Arrange the ribs on a plate and pour the sauce over them.

Pulled Pork Sandwich

プルドポークサンドイッチ｜アメリカ

 USA

僕にとって、チーズバーガーの次に好きなサンドイッチです。バーベキューレストランに行くたびにこれを注文します。プルドポークとは、やわらかく煮込んだ豚肉を細かく裂いてBBQソースで味付けしたアメリカ料理で、僕はこのBBQソースの甘さとやわらかい豚肉が大好きです。特にクリーミーなコールスローと組み合わせると最高です。炊飯器を使うことで、このレシピは簡単になりました。炊飯器に放り込んでスイッチを入れれば、やわらかくなるまで何も考えずに他の作業ができちゃいます。豚肉をやわらかくするには、ラガービールを使うのもポイントです。

材料　2人分

豚肩ロース肉（ブロック）── 370g
A ｜三温糖 ── 大さじ1
　　｜パプリカパウダー ── 大さじ1
　　｜塩、こしょう ── 各小さじ1
ラガービール ── 240mL
りんご酢 ── 120mL
バーガーバンズ ── 2組
BBQソース ── 大さじ4
コールスロー(p.77参照) ── 適量

作り方

1 豚肉はキッチンペーパーで水気を拭き取る。**A**を混ぜ合わせ、豚肉全体にまぶす。残った**A**は取っておく。

2 フライパンにオリーブオイル大さじ2（分量外）を熱し、肉の表面を30秒〜1分ずつ焼き、全面に焼き色をつける。

3 炊飯器に**2**、残りの**A**、ビール、りんご酢を入れて通常モードで炊飯する。炊飯が終わったら1時間ほど保温する。肉を取り出し、フォークなどでほぐす [a]。

4 **コールスロー**を作る(p.77参照)。

5 炊飯器に残った液は鍋に入れて火にかけ、とろみがつくまで煮込む。

6 **3**に**5**とBBQソースを絡める。

7 フライパンにバター大さじ1（分量外）を熱し、バンズの切り口を下にして焼く。バンズに**6**とコールスローをはさむ。

[a]

炊飯器調理について

炊飯器によっては、炊飯以外の調理ができない場合もあります。ご使用の炊飯器の取り扱い説明書をよく読んでからお作りください。調理する際は、噴きこぼれや焦げ付きに注意してください。

Wiener Schnitzel

ウインナーシュニッツェル｜オーストリア

 Austria

オーストリア発祥で、伝統的には子牛肉を使って作ります。でも、今では多くのレストランで豚肉か鶏肉も選ぶことができます。ドイツやスイスでも非常に人気があり、ヨーロッパの他の国々でも食べられます。とんかつに似ていますが、脂肪を取り除いてから、薄く平らにし、バターで揚げるところが違います。通常はギー（澄ましバター）で揚げますが、普通のバターを使用して、バターが焦げないようにオリーブオイルを加えて揚げてもOKです。ソースをかけずに、レモンをしぼってそのまま食べると美味しいです！

材料　2人分

豚ロース肉(とんかつ用) — 2枚(200g)
塩 — 小さじ1
薄力粉 — 50g
卵 — 1個
パン粉 — 60g

作り方

1 豚肉は脂身を切り落としたらラップではさみ、めん棒などでたたき、厚さ1cmくらいにのばす。塩を両面にふる。

2 **1**を薄力粉、溶きほぐした卵、パン粉の順にまぶす。

3 フライパンにバター100gとオリーブオイル大さじ5(ともに分量外)を熱し、片面2分ずつ揚げる。

4 器に盛り、お好みで刻んだパセリ(生・分量外)をふり、レモンのくし形切り(分量外)を添える。

Ingredients & Instructions　Serves 2

🔊 **English Audio > p.12**

2 slices (200g) of pork loin (for tonkatsu)
1 tsp of salt
50g cake flour
1 egg
60g panko breadcrumbs

1 Trim the fat from the pork, place the pork meat on a cutting board between cling film, and flatten it with a tenderiser or rolling pin to make it about 1cm thick. Season with salt on both sides.

2 Coat the pork with flour, beaten egg, and panko breadcrumbs, in that order.

3 Heat butter (100g) and olive oil (5 tbsp) in a frying pan, and fry the pork for 2 min on each side.

4 Serve on a plate and garnish with chopped parsley and lemon wedges (optional).

93

Vol-au-vent [Pastetli]

ヴォル・オ・ヴァン｜フランス、スイス

🇫🇷 🇨🇭 France, Switzerland

もともとフランス料理ですが、スイスでも「パステトリ」と呼ばれ、人気があります。薄く切った肉ときのこのクリームソースをパイ生地のカップに入れて提供されます。ソースがたっぷりで、お皿にあふれます。これは僕がスイスに行くと必ず食べるお気に入りの食べ物で、家で母が作るのを手伝うこともよくあります。スイスでは、すでに焼いてあるパイ生地カップが購入できますが、日本ではないので、パイシートを使って作る簡単なレシピを紹介します。塩、こしょうとバターで調理したグリーンピースのシンプルな付け合わせは、この料理にぴったりです。ぜひ、お試しください！

材料 2人分

冷凍パイシート(11×19cmのもの) — 3枚
卵 — 1個
豚ロース肉(薄切り) — 400g
玉ねぎ — 1個
にんにく — 2片
マッシュルーム — 200g
薄力粉 — 大さじ2
白ワイン — 60mL
チキンコンソメスープ
　(またはビーフコンソメスープ) — 400mL
※チキンコンソメスープの素2個を湯400mLに溶かす
生クリーム(乳脂肪分45％) — 150mL
レモンのしぼり汁 — 大さじ1
塩、こしょう — 各小さじ1
グリーンピース(冷凍) — 150g

作り方

1 オーブンは180℃に予熱する。卵は溶きほぐす。パイシートは室温で解凍し、セルクル型(直径7.5cm)で8つ抜く。そのうち4つはひと回り小さいセルクル型(直径4.5cm)でドーナツのように中心をくり抜く。穴があいていない生地の上にドーナツ形の生地を重ね、接着面に溶き卵をぬる。天板にクッキングシートを敷き、ドーナツ形を重ねた生地とくり抜いた生地を並べ、表面に溶き卵をぬる [a]。オーブンの中段で15分、焼き色がつくまで焼く。

2 豚肉は2〜3cm幅に切る。玉ねぎ、にんにくはみじん切りにする。マッシュルームは石づきを取って薄切りにする。

3 フライパンにオリーブオイル大さじ2(分量外)を熱し、玉ねぎとにんにくを1分ほど炒める。豚肉を加え、中まで火が通ったら、取り出しておく。

4 同じフライパンにバター大さじ2(分量外)を熱し、マッシュルームを弱火で5分ほど、あまり触らないようにして焼く。薄力粉を加え、混ぜ合わせる。白ワインを加え、フライパンの底をこそげながら中火で加熱し、コンソメスープを加える。沸いたら火を弱めて10分ほど煮込む。

5 生クリーム、レモン汁、塩、こしょうを加え、混ぜ合わせる。**3**を戻し入れ、弱火で15分くらい、とろみがつくまで加熱する。

6 別のフライパンにバター大さじ1(分量外)を熱し、グリーンピースを冷凍のまま入れて5分ほど炒める。塩、こしょう各小さじ$\frac{1}{2}$(ともに分量外)を加えてさっと混ぜる。

7 焼き上がった**1**を器に盛り、**5**をかけ、くり抜いた生地でふたをし、**6**を添える。

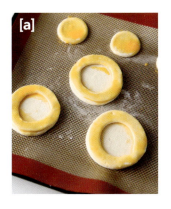

[a]

Beef Wellington

ビーフ・ウェリントン｜イギリス

🇬🇧　UK

イギリスで特別な日のために作られるイギリスを代表する伝統料理。僕にとっても特別なもので毎年クリスマスに集まる家族のために作ります。牛肉の塊を、マッシュルームが黒くなるまで炒めたデュクセルとプロシュートとともにクレープで包み、さらにパイ生地で包みます。作るのにすごく時間はかかりますが、とても美味しいので食べた人はみんな「もう一度食べてみたい！」といいます！　この料理には僕のレシピのローストポテトやバルサミコとはちみつのロースト芽キャベツ (p.115) がすごく合います。ぜひ、次のあなたにとって特別な日に、この料理を作ることをおすすめします！

Roast Potatoes
ローストポテト｜イギリス

🇬🇧　UK

イギリスの伝統的なサイドディッシュで、日曜日に家族全員が集まってほぼ一日続く「サンデーロースト」で、ローストチキン、ポーク、ラム、ビーフなどのメインの肉料理と一緒によく出されます。このポテト、外はカリカリ、中はふわふわです。じゃがいもをゆでてざるにあげたら、少し振って外側をけばけばにすると、焼いたときに外側がカリカリになります。このポテトを食べると、みんな大好きになります！

Beef Wellington

ビーフ・ウェリントン | イギリス

材料　4人分

牛ヒレ肉(ブロック) — 650g
塩、こしょう — 各小さじ1
プロシュート — 100〜150g
冷凍パイシート(11×19cmのもの) — 2〜3枚
ディジョンマスタード — 大さじ1
卵 — 1〜2個

クレープ(2〜3枚分)
牛乳 — 140mL
薄力粉 — 50g
卵 — 1個
塩 — 小さじ1/2

デュクセル
マッシュルーム — 460g
エシャロット — 2個(または赤玉ねぎ—1/2個)
塩、こしょう — 各小さじ1/2

作り方

1 **クレープを作る。**ボウルにクレープの材料を入れて混ぜ合わせる。フライパンを弱火で熱し、油適量(分量外)を引き、生地を薄くのばして焼く。端が茶色くなってきたら裏返し、焼き色がつくまで焼く。残りも同じように焼き、さます。

2 **デュクセルを作る。**石づきを取ったマッシュルームとエシャロットはみじん切りにする(フードプロセッサーを使ってもよい)。フライパンにオリーブオイル大さじ1(分量外)を熱し、エシャロットを8分炒める。マッシュルームを加え、炒める。塩、こしょうを加えて水分を飛ばしながら20〜30分炒める。色が黒くなったら取り出してさます[a]。

3 牛肉に塩、こしょうをまぶす。フライパンにオリーブオイル大さじ1(分量外)を強火で熱し、牛肉の表面を15秒ずつ焼き、牛肉が熱いうちに表面にマスタードをぬる。

4 台にラップを広げ、その上にクレープを牛肉が包める大きさになるように重ねながら並べる。そしてその上にプロシュートを隙間なく並べ、さらに**2**のデュクセルを均等にのせる。

5 **4**の端に**3**の牛肉をのせ、ラップごとクレープで包む[b]。両端も包んだらラップをねじってしっかり留め[c]、冷蔵庫で30分ほどひやす。

6 卵は溶きほぐす。台の上に薄力粉(分量外)をふり、室温で解凍したパイシートの端2cmくらいに溶き卵をぬって重ねて広げ、めん棒で3mm厚さくらいにのばす。

7 冷蔵庫から取り出した**5**を**6**の端にのせて1周包み、とじ目に溶き卵をぬり[d]、余分なところは切り落とす[e]。両端はつまんで留める。ラップで包み、冷蔵庫に1時間以上おく。お好みでパイシートを1.5cm幅に切り、三つ編みにして飾りをつけ、溶き卵で貼り付けてもOK。オーブンを200℃に予熱する。

8 クッキングシートを敷いた天板に**7**をのせ、溶き卵を全面にぬる[f]。オーブンの中段で25〜30分焼く。

9 塩ひとつまみ(分量外)をふり、5〜10分休ませ、食べやすい大きさに切る。

Roast Potatoes

ローストポテト | イギリス

材料 3〜4人分

じゃがいも ― 1kg
ローズマリー(生) ― 3本
塩 ― 小さじ1

作り方

1 じゃがいもは皮をむき、4等分に切り、5〜10分水にさらしたら、水気を切る。

2 鍋にじゃがいもがかぶるくらいの水、塩小さじ1(分量外)、ローズマリーを入れて沸かし、じゃがいもをゆでる。水気を切り、ざるをふって表面をけばけばにし、5分蒸らす。オーブンは200℃に予熱する。

3 深めのオーブン対応バットまたは天板にオリーブオイル(分量外)を底から5mm深さくらいまで入れる。じゃがいもが重ならないように並べ、**2**のローズマリーも入れ、オーブンの中段で60分焼く。20分ごとに取り出してひっくり返し、バットのオリーブオイルをかける [a]。

4 キッチンペーパーにあげて油を切り、塩をふる。

Panang curry

パナンカレー｜タイ

🇹🇭 Thailand

タイの文化では、いろんな料理を注文してシェアし、少しずつご飯と一緒に食べるのが一般的です。これは、僕がいつも注文するお気に入りのタイ料理で、家でも簡単に作ることができます。ココナッツミルクの甘味とカレーペーストの辛さが絶妙です。タイのカレーペーストは、日本でもスーパーや輸入食材店で売られるようになりました。最初にカレーペーストをフライパンで炒めると風味がすごくよくなります。ジャスミンライスがあればそれと合いますが、日本米との相性も抜群です。

材料　2人分

牛切り落とし肉 — 400g
レッドカレーペースト — 1パック(50g)
ココナッツミルク — 340mL
ナンプラー — 大さじ1と1/2
砂糖 — 大さじ1
温かいご飯(またはジャスミンライス) — 適量

作り方

1. 牛肉は食べやすい大きさに切る。
2. フライパンにごま油大さじ1(分量外)を熱し、レッドカレーペーストを加え、1分炒める。ココナッツミルク240mLを加え、加熱しながら混ぜ合わせる。
3. 1を加え、肉の色が変わったらナンプラー、砂糖、残りのココナッツミルクを加え、とろみがつくまで煮込む。ご飯を添えて器に盛り、お好みでココナッツミルク(分量外)をかけ、パクチー(生・分量外)をのせる。

タイのごはん

仕事の関係で7年近くタイに住んでいました。その間、屋台の食べ物からミシュランの星付きの料理まで、さまざまなタイ料理を食べました。現地ではスーパーで食材を買うほうが外食より高くつくことが多いです。そのため、現地ではあまり料理をしていませんでしたが、日本に帰国してからタイの味が懐かしくて再現しています。タイ料理は、塩味、甘味、酸味、辛味がそれぞれの料理でバランスよく調和していて、香りを添えるハーブを加えることで、一口ごとに口の中で味が爆発するのが大好きです。

写真左／「Ma Maison」というバンコクのちょっと高級なタイ料理レストランで食べたパナンカレー。写真右／タイの屋台。色とりどりの野菜が並ぶ。

Ingredients & Instructions   Serves 2

🔊 English Audio > p.12

400g beef trimmings
1 packet (50g) of red curry paste
340mL coconut milk
1 ½ tbsp fish sauce
1 tbsp sugar
Cooked Jasmine rice or Japanese rice

1. Cut the beef into bite-sized pieces.
2. Heat sesame oil (1 tbsp) in a frying pan, add the red curry paste and fry for 1 min. Add 240mL of coconut milk and stir while heating.
3. Add the beef and once it changes colour, add the fish sauce, sugar and the remaining coconut milk and simmer until thickened. Serve in a bowl, along with rice, top with coconut milk and coriander to taste.

Philly Cheese Steak Sandwich

フィリーチーズステーキサンドイッチ｜アメリカ

 USA

ホットサンドイッチがお好きなら、これはぜひ試してほしい究極のサンドイッチです。1930年代にサウスフィラデルフィアでホットドッグスタンドを経営していた兄弟によって考案されました。薄くスライスした牛肉を、溶けたチーズと玉ねぎとともに長くやわらかいロールパンにはさんで提供します。現在では熱烈なファンも多く、このサンドイッチを味わうためだけにアメリカまで足を運ぶ人もいます。チーズは通常、アメリカンチーズ、プロヴォローネなどを使いますが、残念ながら日本で見つけにくいので、代わりにモッツァレラを選びました。大きなやわらかいロールパンも見つけにくいので、代わりにバタールを使用しています。

材料　1〜2人分

バタール — 1本
玉ねぎ — 1個
牛切り落とし肉 — 280g
モッツァレラチーズ — 1個 (100g)
塩、こしょう — 各小さじ1

作り方

1 バタールは横に切り込みを入れる。玉ねぎは薄切りにして、耐熱容器に入れてオリーブオイル大さじ1(分量外)を回しかけ、ラップはかけずに電子レンジで6分40秒加熱する。牛肉は2〜3cm幅に切る。モッツァレラチーズはキッチンペーパーで包んで水分をしぼり、1cm幅に切る。

2 フライパンにオリーブオイル大さじ1(分量外)を熱し、玉ねぎをきつね色になるまで炒め、フライパンの端に寄せ、空いているところに牛肉を入れ、炒める。

3 別のフライパンにバター大さじ1(分量外)を熱し、バタールの切り込みを開いて切り口を下にして焼く。

4 2の牛肉に塩、こしょうを加える。牛肉がカリッとしてきたら玉ねぎと合わせて炒める。モッツァレラチーズを加えて溶けるまで炒めたら、バタールにはさむ。

🇮🇹 **Italy**

レモン、バター、ニョッキはイタリア料理の定番の材料なので、相性がよいことは間違いないです。それに、タンパク質を補うためにソーセージも加えたら、とても美味しいニョッキになりました。たまにフォロワーさんから、ニョッキは酸っぱいから好きではないという声を聞くことがあります。ニョッキが酸っぱいのは古い可能性もありますので、別のお店で買ってみてください。もしあったら、普通のソーセージではなく、ハーブ入りのソーセージで作るととても美味しいです。

Lemon & Sausage Gnocchi
レモンとソーセージのニョッキ｜イタリア

材料 2人分

ニョッキ ― 500g
玉ねぎ ― 1個
にんにく ― 2片
ソーセージ ― 6本
バジル(生) ― 10枚
塩、こしょう ― 各小さじ1/2
レモンのしぼり汁 ― 1個分
パルメザンチーズ ― 適量

作り方

1. 玉ねぎ、にんにくはみじん切り、ソーセージは5mm幅の輪切りにする。バジルは細切りにする。
2. フライパンにオリーブオイル大さじ1(分量外)を熱し、にんにくを炒める。玉ねぎを加えて炒め、しんなりしてきたらソーセージを加えて火が通るまで炒める。
3. 鍋にたっぷりの湯を沸かし、塩小さじ1(分量外)を加えニョッキをゆでる。ニョッキが浮き上がってきたら取り出す。
4. 2のフライパンの中身を端に寄せ、空いたところにバター大さじ2(分量外)を溶かし、ニョッキを入れ、焼き色がつくまで炒める。塩、こしょうをふり、レモン汁、バジルを加えて炒め合わせる。
5. 器に盛り、パルメザンチーズをかける。お好みでバジル(生・分量外)をのせる。

Fish & Chips
フィッシュ＆チップス｜イギリス

 UK

イギリス料理といえば、これを思い浮かべる人が多いでしょう！ さまざまなフィッシュ＆チップスを食べてきた僕が、油っぽくなく最もおいしい調理方法をお教えします。まず必ず衣には冷たいラガービールを使い、調理前に衣が温まらないようにすぐに揚げてください。衣が軽くてサクサクになります。イギリスのチップスは厚切りでじゃがいもの味がしっかりします。冷凍庫でひやしてから揚げると、外はカリカリ、中はふわふわになります。イギリス人はモルトビネガーをかけるのが好きですが、着席するレストランではタルタルソースをかけます。最高に美味しいタルタルソースは自宅で作れるので、忘れずに作ってください！

材料 2人分

たら(切り身) ― 4切れ(400〜450g)

A
- 薄力粉 ― 75g
- 米粉 ― 25g
- ベーキングパウダー ― 小さじ1
- ラガービール ― 170mL

じゃがいも ― 4個
塩 ― 適量

タルタルソース(作りやすい分量)
玉ねぎ(すりおろす) ― 1/2個
にんにく(すりおろす) ― 1片
パセリ(生・みじん切り) ― 小さじ1
ピクルス(ガーキン) ― 1本
マヨネーズ ― 大さじ5
ケーパー ― 小さじ2
塩 ― 小さじ1

作り方

1. タルタルソースを作る。ピクルスはみじん切りにして、すべての材料を混ぜ合わせる。
2. じゃがいもは皮をむき、2cm角の拍子木切りにし、水にさらす。鍋に湯を沸かし、3〜4分ゆでる。水気を拭き取り、重ならないように並べ、冷凍庫で20分ひやす。たらは皮と骨を取り除く。
3. 鍋の半分の高さまで揚げ油（分量外）を入れて180℃に熱し、冷凍のままのじゃがいもを5分ほど揚げる。きつね色になったらキッチンペーパーに取り出して油を切り、塩をふる。

   /// POINT　揚げ油には、米油がおすすめ。
4. ボウルに**A**を入れて混ぜ合わせる。
5. **2**のたらに薄力粉適量（分量外）、**4**の順番にまぶし、180℃の油で4〜6分きつね色になるまで揚げる。
6. 器に**3**と**5**を盛り、タルタルソースを添える。くし形切りにしたレモン（分量外）を添える。

Ingredients & Instructions　Serves 2

English Audio > p.12

- 4 pieaces of cod (400-450g)
- **A**
  - 75g cake flour
  - 25g rice flour
  - 1 tsp baking powder
  - 170mL lager beer
- 4 potatoes
- Salt to taste

Tartar sauce
(amount that is easy to make)
- ½ onion (grated)
- 1 clove of garlic (minced)
- 1 tsp parsley (chopped)
- 1 pickle
- 5 tbsp mayonnaise
- 2 tsp capers
- 1 tsp salt

1. **Make the tartar sauce.** Finely chop the pickles and mix all the ingredients for the sauce together.
2. Peel the potatoes, cut them into 2cm thick sticks, and soak in water. Bring a large pot of water to a boil and cook the potatoes for 3-4 min. Drain the water, arrange them on a tray so they do not overlap, and chill in the freezer for 20 min. Remove the skin and bones from the cod.
3. Fill a pot up to halfway with oil, heat to 180°C, and fry the frozen potatoes for about 5 min. Once they are golden brown, place them on kitchen paper to drain the oil, and season with salt.

   TIP : I recommend rice oil for deep frying.
4. Mix all the ingredients listed in A in a bowl.
5. Coat the cod with a good amount of cake flour (additional) and then dip in the batter, fry in oil for 4-6 min until golden brown, turning half way.
6. Place the fish and chips on a plate and serve with tartar sauce. Garnish with lemon wedges.

Salmon Steak with Lemon Yoghurt Sauce

レモンヨーグルトソースのサーモンステーキ｜ヨーロッパ

サーモンステーキと爽やかなレモンヨーグルトソースの組み合わせは、僕が考えた西洋料理です。ガーリックライスとバルサミコビネグレットをかけたシンプルなベビーリーフサラダを合わせると最高です！ 厚切りのサーモンを使用することをおすすめします（エンペラーサーモンが最適！）。僕は、外はカリッと、中はミディアムレアになるよう焼くのが好きです。比較的ヘルシーで、ヨーグルトソースがとてもさっぱりしているので、この料理は飽きずに食べられること間違いなしです！

材料 2人分

サーモン（刺身用のさく）— 250gのものを2本
オリーブオイル — 大さじ1と½
塩、こしょう — 各小さじ1

レモンヨーグルトソース
ギリシャヨーグルト — 大さじ3
レモンのしぼり汁 — ½個分
にんにく（すりおろす）— 1片
ディル（生・みじん切り）— 大さじ2
塩、こしょう — 各小さじ½

作り方

1 レモンヨーグルトソースの材料は混ぜ合わせる。

2 サーモンは水気を拭き取り、表面にオリーブオイルを半量ずつぬり、塩、こしょうを半量ずつふる。

3 フライパンを熱し、片面3〜4分ずつ焼き、取り出して5分休ませる。器にレモンヨーグルトソースを広げ、上にサーモンステーキをのせる。お好みでフリルレタスとガーリックライス（ともに分量外）を添える。

Garlic Rice

ガーリックライス｜アジア

European version of Asian food

発祥には諸説あってどこの国が発祥かよくわからないけど、アジア料理の西洋版だと思います。にんにくの風味がよくて食欲をそそり、お魚料理にも、お肉料理にもよく合います。

材料 2人分

にんにく — 4片
バター — 小さじ1
温かいご飯　1.5合分
チキンコンソメスープの素（すりつぶす）— 1個
ガーリックパウダー — 小さじ1
塩、こしょう — 各小さじ1

作り方

1 にんにくはみじん切りにする。

2 フライパンにオリーブオイル大さじ1（分量外）を熱し、にんにく、バター、ご飯を加え、ざっと混ぜたら、コンソメ、ガーリックパウダー、塩、こしょうを入れて炒める。

3 器に盛り、お好みでパセリ（ドライ・分量外）をふる。

Garlic Rice
ガーリックライス｜アジア

**Salmon Steak
with Lemon Yoghurt Sauce**
レモンヨーグルトソースのサーモンステーキ｜ヨーロッパ

Cabbage Steak

キャベツステーキ｜アメリカ

🇺🇸 USA

食物繊維たっぷりのキャベツステーキ。これはアメリカでカリフラワーステーキ (p.116) と同様に、お肉の代わりのヘルシーな代替ステーキとして人気があります。SNSでも人気になり、多くの料理クリエイターがこの料理のいろいろなバージョンを作っています。このステーキのためのごまソースは、ごまヨーグルトソース (p.110, p.116) に似ているので、ギリシャヨーグルトがない場合は代わりにこのソースを作っても。キャベツを切るときは、焼いたときに崩れないように、芯を残すようにしてください。

材料　2人分

- キャベツ — 1/4 個
- 塩 — 小さじ 1/2
- くるみ (ロースト) — 25g

ねりごまソース (作りやすい分量)
- レモンのしぼり汁 — 1個分
- 白ねりごま — 大さじ2
- オリーブオイル — 大さじ2
- はちみつ — 大さじ1
- ディジョンマスタード — 大さじ1
- 塩、こしょう — 各小さじ 1/2

作り方

1. キャベツは 1/8 のくし形切りにする。硬い部分は切り落とし、芯はそのまま残す。両面に塩をふる。
2. ねりごまソースの材料は混ぜ合わせる。
3. フライパンにオリーブオイル大さじ1 (分量外) を熱し、キャベツを焼く。焼き色がついたら弱火にし、片面6〜8分ずつ焼く。
4. 器に3を盛り、ねりごまソースをかける。砕いたくるみをちらし、刻んだパセリ (生・分量外) をかける。

Ingredients & Instructions Serves 2

¼ cabbage
½ tsp salt
25g walnuts

Sesame sauce
(amount that is easy to make)

Juice of 1 lemon
2 tbsp sesame paste
2 tbsp olive oil
1 tbsp honey
1 tbsp Dijon mustard
½ tsp each of salt and pepper

🔊 **English Audio > p.12**

1. Cut the cabbage into ⅛ wedges. Cut off the tough core but leave enough to keep the leaves intact. Season with salt on both sides.

2. Mix together the ingredients for the **sesame sauce**.

3. Heat olive oil (1 tbsp) in a frying pan and sear the cabbage. Once browned, reduce the heat to low and cook for 6-8 min on each side.

4. Place the cabbage on a plate and drizzle the sesame sauce all over. Sprinkle crushed walnuts and chopped parsley on top.

Aubergine & Sesame Yoghurt Sauce

なすとごまヨーグルトソース｜ヨーロッパ

チュルブル (p.36) をアレンジしたおかずレシピです。グリルしたなすに、ねりごまを加えたクリーミーで酸味のあるヨーグルトソースの組み合わせは最高です！ ソースには必ずギリシャヨーグルトを使用してください。そうしないとソースがとてもドロドロになります。松の実を加えると食感がよくなるので、とてもおすすめです。

材料　2人分

なす — 2本
塩、こしょう — 各小さじ½
ごまヨーグルトソース
ギリシャヨーグルト — 200g
レモンのしぼり汁 — 1個分
にんにく (すりおろす) — 1片
白ねりごま — 小さじ2
クミンパウダー — 小さじ1
塩、こしょう — 各小さじ½

パクチー (生) — 適量
赤とうがらし (細かく刻む) — 適量
松の実 — 適量

作り方

1　なすは縦半分に切り、切り口に1cm間隔で斜め十字に切り込みを入れる。

2　耐熱の器にキッチンペーパーを敷き、**1**を切り口を上にしてのせ、ラップはかけずに電子レンジで6分40秒加熱する。

3　ごまヨーグルトソースの材料は混ぜ合わせる。

4　フライパンにオリーブオイル大さじ2 (分量外) を熱し、**2**のなすを切り口を下にして並べ入れ、両面焼き色がつくまで焼き、切り口に塩、こしょうをふる。

5　器にごまヨーグルトソースを広げ、上に**4**をのせ、ちぎったパクチー、赤とうがらし、松の実をかける。

Roasted Zucchini
ローストズッキーニ｜アメリカ

 USA

とてもシンプルなレシピですが、ズッキーニがすごく美味しくなります！ 実はこれは僕がSNSに投稿して初めてバズったレシピで、話題になり、数日間で100万回以上再生されました。ズッキーニはフライパンで焼いて食べてもいいですが、パルメザンチーズをすりおろしてオーブンで焼くと風味が増して、さらに美味しくなると思います！

材料 2人分

ズッキーニ ─ 大1本（または中2本）
塩、こしょう ─ 各小さじ1/2
パルメザンチーズ ─ 大さじ2

作り方

1. ズッキーニはフライパンに入る長さに切り、縦2等分に切る。切り口に1cm間隔で斜め十字に切り込みを入れ塩大さじ1（分量外）をふり、水分が出るまで10～15分おき、水分を拭き取る。オーブンは200℃に予熱する。
2. フライパンにオリーブオイル大さじ1と1/2（分量外）を熱し、切り口を下にして **1** を焼く。焼き色がついたら裏返し、さらに5分焼く。塩、こしょうをふる。
3. 天板にクッキングシートを敷き、**2** を切り口を上にして並べ、パルメザンチーズをかける。オーブンの中段で15～20分焼く。
4. 器に盛り、パルメザンチーズ適量（分量外）をかける。

Crispy Smashed Potato Salad

クリスピースマッシュドポテトサラダ｜アメリカ

🇺🇸 USA

これは僕のSNSで最も話題になったレシピで、累計1800万回以上再生されています！ポテトサラダはポピュラーな料理ですが、このレシピはそれをレベルアップしたカリッカリのポテトサラダです！ポイントは、つぶしやすい小さなじゃがいもを使うこと（新じゃががぴったり）。オーブンがない場合は、フライパンで調理することもできますが、詰め込みすぎるとカリカリにならないので注意。このポテトサラダにはヨーグルトレモンディルソースがすごく合います。よく混ぜて食べると最高に美味しいからぜひ作ってみてほしい。

材料 3〜4人分

じゃがいも ― 小900g〜1kg
パルメザンチーズ ― 20g
パプリカパウダー ― 大さじ1〜2
塩、こしょう ― 各小さじ1
ベーコン（薄切り）― 3枚
セロリ ― 1本
青ねぎ ― 3本

ヨーグルトレモンディルソース
ギリシャヨーグルト ― 150g
レモンのしぼり汁 ― 1個分
にんにく（すりおろす）― 1片
ディル（生・みじん切り）― 大さじ1〜2
マヨネーズ ― 大さじ2
ディジョンマスタード ― 大さじ1
塩、こしょう ― 各小さじ1/2

作り方

1. じゃがいもは皮つきのまま鍋で10〜15分ゆでる。オーブンは220℃に予熱する。

2. 天板にクッキングシートを敷き、**1**を並べ、グラスなどの底で平たくつぶす [a]。

3. **2**の表面にオリーブオイル大さじ3（分量外）をぬり、パルメザンチーズ、パプリカパウダー、塩、こしょうをふり、オーブンの中段で50分焼く。途中25分経ったら裏返し、残りの時間も焼く。

4. ベーコンはフライパンでカリカリになるまで焼き、1cm幅に切る。セロリは筋を取って5mm幅に切る。青ねぎは小口切りにする。**ヨーグルトレモンディルソース**の材料は混ぜ合わせる。

5. **3**を食べやすい大きさに切り、器に入れる。ベーコンとセロリをのせて、ソースをかけ、青ねぎをふり、食べる直前に混ぜる。

[a]

Rösti

レシュティ｜スイス

🇨🇭 Switzerland

レシュティはフランスのガレット、または大きなハッシュブラウンのスイス版です。スイスの人々は、大きなレシュティの上にベーコンと目玉焼きをのせて食べます。外側はカリカリ、中はふわふわに仕上げるのがポイント。カリカリにするためには、焼く前にできるだけ水分を取り除き、たっぷりのバターで揚げ焼きにします！ フライパンでひっくり返すときは、大きなお皿でフライパンを覆ってそこにレシュティを返し、フライパンにバターを入れてレシュティを滑り込ませるとよいです。母はよく、豚肉や鶏肉のクリーム煮(p.86)にカットしたレシュティを添えていました。

材料　2人分

じゃがいも ― 600g
塩、こしょう ― 各小さじ1/2
ベーコン(薄切り) ― 3〜4枚
卵 ― 2個

作り方

1　じゃがいもは皮をむき、スライサーでせん切りにする。キッチンペーパーなどで包み、じゃがいもの水分をしっかりとしぼる。ボウルにじゃがいもと塩、こしょうを入れて混ぜる。

2　フライパンにバター大さじ2(分量外)を溶かし、**1**を平らに広げる。片面がカリカリになるくらいまで焼けたら裏返し、バター大さじ2(分量外)をフライパンのふちから加え、焼き色がつくまで焼き、取り出す。

3　フライパンをきれいにして、ベーコンをカリカリになるまで焼き、取り出す。同じフライパンにオリーブオイル大さじ1(分量外)を熱し、目玉焼きを作る。

4　器に**2**、**3**をのせ、お好みで刻んだパセリ(生・分量外)をふる。

Balsamic Honey Roasted Brussels Sprouts

バルサミコとはちみつのロースト芽キャベツ｜イタリア

材料　2〜3人分

芽キャベツ ― 900g
ベーコン（薄切り）― 150g
塩 ― 小さじ1
バルサミコ酢 ― 大さじ1
はちみつ ― 大さじ1
パルメザンチーズ ― 適量

バルサミコリダクションソース
（作りやすい分量）

バルサミコ酢 ― 120mL
三温糖 ― 大さじ1

作り方

1 芽キャベツは外側の葉を取り除き、茎を切り落とし、縦半分に切る。ベーコンは1cm幅に切る。オーブンは220℃に予熱する。

2 天板にクッキングシートを敷き、オリーブオイル大さじ2（分量外）を広げる。芽キャベツの切り口を下にして並べ、上からもオリーブオイル大さじ1（分量外）をふりかけ、塩をふる。上にベーコンをのせる。

3 オーブンの中段で20〜22分焼く。

4 バルサミコリダクションソースを作る。小鍋にバルサミコ酢を入れて弱火〜中火にかけ、三温糖を加えて混ぜ、5分煮詰める。とろみがついてスプーンの背につくようになったら[a]、火からおろす。

5 3を器に盛り、バルサミコリダクションソース大さじ3、バルサミコ酢、はちみつ、パルメザンチーズをかける。

 Italy

昔は芽キャベツが苦くて好きではありませんでした。冬になるといつも学校給食に出て、食べたくなかったです。でも、妻がバルサミコ酢でオーブン焼きした芽キャベツを作ってくれて、食べたらとても美味しくて、ほとんど全部食べてしまいました！ そして、ベーコンやはちみつなどを加え、今では毎年クリスマスに作る僕の定番料理になりました。芽キャベツをオーブンでカリカリにするために、洗った後、水気をよく拭き取ってください。また茎を切りすぎないように。切りすぎると葉がバラバラになってしまいます。このレシピはとても美味しく、見た目も味もレストランのようです。

Cauliflower Steak

カリフラワーステーキ｜アメリカ

 USA

カリフラワーをステーキにできるって、知っていましたか？ カリフラワーステーキは、お肉のステーキのヘルシーな代替として、アメリカで非常に人気があります。これは僕のアレンジです。タンパク質のためにひよこ豆を、さっぱりさせるためにヨーグルトソースを加えました！ ソースにはねりごまを入れているのでコクもあり、食べると野菜だけとは思えない満足感があります！ カリフラワーは大きいほど、ステーキ状にカットしやすいです。

材料　2人分

カリフラワー(大きいもの) ― 1個
ひよこ豆(水煮) ― 380g
塩、こしょう ― 各小さじ1/2
パプリカパウダー ― 大さじ1

ごまヨーグルトソース
ギリシャヨーグルト ― 大さじ3
レモンのしぼり汁 ― 1/2個分
にんにく(すりおろす) ― 1片
白ねりごま ― 大さじ1
ディジョンマスタード ― 大さじ1
塩、こしょう ― 各小さじ1/2

作り方

1 ごまヨーグルトソースの材料は混ぜ合わせる。

2 カリフラワーは中央の2切れが2cm厚さになるように縦に切る[a]。残りは小房に分ける。2cm厚さの2切れの片面にオリーブオイル適量(分量外)をぬり、塩、こしょう、パプリカパウダーの半量をふる。

3 フライパンにオリーブオイル大さじ1(分量外)を熱し、**2**の下味をつけたほうを下にして並べ入れ、上の面にもオリーブオイル適量(分量外)をぬり、残りの塩、こしょう、パプリカパウダーをふる。片面6～8分ずつ焼き、取り出す。

4 同じフライパンに残りのカリフラワーを入れ、3～4分炒める。水気を切ったひよこ豆を加え、塩、こしょう各小さじ1/2(分量外)を加え、焼き色がつくまで炒める。

5 器にごまヨーグルトソースを広げ、その上に**3**と**4**をのせる。お好みで刻んだパセリ(生・分量外)をふる。

中央の2切れがステーキに。
それ以外は小房で使う。

Kale Chips
ケールチップス｜アメリカ

材料 作りやすい分量

ケール — 2袋(300g)
オリーブオイル — 大さじ1
塩 — 小さじ1/2

作り方

1. ケールは茎を取り、一口大に切り、ボウルに入れてオリーブオイルと塩を全体にまぶす。
2. 電子レンジ用のプレートや耐熱の器にクッキングシートを敷き、1を重ならないように並べ、電子レンジで5分加熱する（カリカリにならない場合は、様子をみながら追加で加熱する）。

Potato Chips
ポテトチップス

材料 作りやすい分量

じゃがいも — 大1個
塩 — 小さじ1/2

作り方

1. じゃがいもは皮をむき、スライサーで薄切りにし、水にさらし、水気をしっかり拭き取る。
   /// POINT　カリカリに仕上げるためには、水分を完全に拭き取るのがポイント。
2. 電子レンジ用のプレートや耐熱の器にクッキングシートを敷き、1を重ならないように並べ、電子レンジで6～8分加熱し（カリカリにならない場合は、様子をみながら追加で加熱する）、塩をふる。

Sweet Potato Chips
スイートポテトチップス

材料 作りやすい分量

さつまいも — 1本(300g)
オリーブオイル — 大さじ1
塩 — 小さじ1/2

作り方

1. さつまいもは皮ごとスライサーで薄切りにし、水にさらし、水気をしっかりと拭き取る。ボウルに入れてオリーブオイルと塩をまぶす。
   /// POINT　カリカリに仕上げるためには、水分を完全に拭き取るのがポイント。
2. 電子レンジ用のプレートや耐熱の器にクッキングシートを敷き、1を重ならないように並べ、電子レンジで6～8分加熱する（カリカリにならない場合は、様子をみながら追加で加熱する）。お好みでさらに塩少々(分量外)をふる。

Kale Chips

ケールチップス｜アメリカ

 USA

サイドディッシュや、ヘルシーなおつまみにぴったり。母がこのレシピを教えてくれたのですが、電子レンジで簡単にカリカリになります。オリーブオイルと塩を入れすぎずにケールによく揉み込んでから加熱するのがポイント！

電子レンジで
作れるチップス！

Potato Chips

ポテトチップス

油なしで作れる、ヘルシーなポテトチップスです。おうちで簡単に作れるので、ハーブやスパイスで好きな味にすることもできます。イギリスでは、ポテトチップスをCrisps（クリスプ）、厚切りのフライドポテトをChips（チップス）と呼びます。紛らわしいですね。

Sweet Potato Chips

スイートポテトチップス

油をあまり使わず、10分もかからずに作れるヘルシーなチップスです！ さつまいものスライスは薄くしてよく乾かしてください。乾かさないと、軽くてサクサクになりません。電子レンジで加熱している間、突然焦げてしまうことがあるので、目を離さないで！

Chicken Alfredo Pasta

チキンアルフレッドパスタ｜アメリカ

 USA

オリジナルは1914年にイタリアのローマでアルフレド・ディ・レリオによって考案された、フェットチーネパスタ、バター、パルミジャーノ・レッジャーノを使うパスタです。その後アメリカに伝わってとても人気になり、イタリアンレストランや多くのパスタフランチャイズでも提供されるように。僕のレシピはアメリカンスタイルで、鶏もも肉を丸ごとのせ、フェットチーネの代わりにリガトーニパスタを使用しました。美味しくてボリュームたっぷりで、大好きです！パルメザンチーズでもよいですが、イタリアのパルミジャーノ・レッジャーノが見つけられれば、もっとオリジナルの味に近くなります。

材料　2人分

- リガトーニ（ショートパスタ） — 200g
- 鶏もも肉 — 2枚（400g）
- 塩、こしょう — 各小さじ1/2
- にんにく — 4片
- 牛乳 — 200mL
- 生クリーム（乳脂肪分35％） — 100mL
- パルメザンチーズ — 20g
- チキンコンソメスープの素 — 1個

作り方

1. 鶏肉は塩、こしょうを両面にふる。にんにくはみじん切りにする。
2. フライパンにオリーブオイル大さじ1（分量外）を熱し、鶏肉の皮目を下にして入れ、5〜7分焼く。裏返して7分焼き、火が通ったら取り出しておく。
3. 同じフライパンににんにくを入れて20秒ほど炒め、牛乳を加え、フライパンの底をこそげながら加熱する。生クリーム、パルメザンチーズ、コンソメスープの素を加えたら弱火にする。
4. 鍋にたっぷりの湯を沸かし、塩大さじ1/2（分量外）を加え、リガトーニを袋の表示より3分短くゆでる。
5. **3**にゆであがったリガトーニを加え、ソースにとろみがつき、リガトーニがアルデンテになるまで混ぜながら加熱する。
6. 器に盛り、食べやすい大きさに切った**2**をのせる。お好みでちぎったイタリアンパセリ（生・分量外）をふる。

パルメザンチーズとパルミジャーノ・レッジャーノの違いは？

パルミジャーノ・レッジャーノは、イタリアの特定の地域で生産されたチーズです。一方、パルメザンチーズは、アメリカとイギリスなどで作られたパルミジャーノ・レッジャーノを模倣したチーズで、粉チーズと呼ばれることが多いです。

Mac & Cheese

マカロニチーズ｜アメリカ

🇺🇸 USA

アメリカでは「Mac'n Cheese（マッケンチーズ）」の愛称で、イギリスでは「Macaroni & Cheese（マカロニ・アンド・チーズ）」として知られる、マカロニに絡めた塩味のきいたチーズソースがたまらない、究極のアメリカの家庭料理のひとつです。でも実は、この料理の発祥は14世紀のイタリアと中世のイギリスにまで遡り、当時はキャセロールのようなもので、オーブンで焼いていました。パン粉を加えて、チーズをかけてオーブンで焼くグラタンのようなレベルアップバージョンも紹介します。僕はレベルアップバージョンが好きです。

材料 2〜3人分

マカロニ ― 200g
ベーコン（薄切り）― 30g
薄力粉 ― 大さじ2
にんにく（すりおろす）― 1片
牛乳 ― 350mL
A ┃ ピザ用チーズ ― 150g
　　┃ 粉からし ― 大さじ1
　　┃ パプリカパウダー ― 小さじ1
　　┃ 塩 ― 小さじ1
　　┃ ナツメグパウダー ― 小さじ$\frac{1}{2}$

作り方

1 ベーコンは1cm幅に切る。フライパンを熱し、ベーコンをカリカリになるまで炒め、キッチンペーパーに取り出す。

2 鍋にバター大さじ2（分量外）を溶かし、薄力粉を加え、バターにとろみがつくまで混ぜながら加熱する。にんにくを加え、色が少し濃くなるまで弱火〜中火で混ぜながら加熱する。牛乳を少量ずつ加え、加熱する。

3 別の鍋にたっぷりの湯を沸かし、塩大さじ$\frac{1}{2}$（分量外）を加え、マカロニを袋の表示時間の通りゆで、水気を切り、ボウルに入れオリーブオイル少々（分量外）をまぶす。

4 **2**に**A**を加えて、チーズが溶けるまで混ぜ合わせる。

5 **3**に**4**と**1**を入れて混ぜ合わせる。器に盛り、お好みで刻んだパセリ（生・分量外）をふる。

Level up

材料と作り方

パン粉 ― 45g
パルメザンチーズ ― 40g
ピザ用チーズ ― 50g

1 耐熱容器にバター大さじ2（分量外）を入れ、ふんわりとラップをかけ、電子レンジで20秒加熱して溶かし（溶けない場合は10秒ずつ追加で加熱する）、パン粉、パルメザンチーズを加えて混ぜ合わせる。オーブンは200℃に予熱する。

2 マカロニチーズを耐熱の器に入れ、ピザ用チーズ、**1**をかけてオーブンで15分焼く。

Penne alla Vodka

ペンネ・アラ・ウォッカ｜イタリア、アメリカ

🇮🇹 🇺🇸 **Italy, USA**

パスタソースを作るときにワインを加えることはよくありますが、ウォッカを使って作ったことありますか？ 実はウォッカは風味を強め、ソースをもっと美味しくしてくれるんです！ アルコールは加熱で飛ぶのでご安心を！ イタリアとニューヨークが発祥と主張しています。いずれにせよ、1970年代頃に両国で人気を博しました。僕はパスタにかけるクリーミーなトマトソースはどれも大好きですが、ウォッカを加えると少し刺激的でレベル違いの美味しさに！ まだ試したことがないなら、ぜひ試してみてください！

材料 2人分

ペンネパスタ — 200g
玉ねぎ — 1個
にんにく — 3片
ベーコン(薄切り) — 90g
トマトペースト — 120g
赤とうがらし(細かく刻む)
　— 小さじ1
ウォッカ — 150mL
生クリーム(乳脂肪分35％)
　— 120mL
パルメザンチーズ — 20g
バジル(生) — 4〜6枚

[a]

作り方

1 玉ねぎとにんにくはみじん切りにする。ベーコンは1〜2cm幅に切る。フライパンにオリーブオイル大さじ2(分量外)を熱し、ベーコンをカリカリになるまで炒め、取り出す。油はフライパンに残しておく。

2 **1**のフライパンに玉ねぎを入れて炒める。炒めている間に鍋にたっぷりの湯を沸かし、塩大さじ$\frac{1}{2}$(分量外)を加える。

3 玉ねぎがきつね色になったら、**1**のにんにく、ベーコン、トマトペースト、赤とうがらしを加えてさらに炒める。

4 湯が沸いたらパスタを袋の表示時間よりも1分短くゆでる。

5 **3**の色が濃くなったらウォッカを加え、水分がなくなるまで煮詰める [a]。

6 パスタを湯からあげ(ゆで汁大さじ3〜4を取っておく)、**5**に入れて合わせ、全体が混ざったら生クリームを加えて混ぜる。さらに、パルメザンチーズとパスタのゆで汁を加えて混ぜ合わせる。塩、こしょう各小さじ$\frac{1}{2}$(分量外)を加え、刻んだバジルを加えて混ぜる。器に盛り、パルメザンチーズと刻んだバジル(ともに分量外)をかける。

Ingredients & Instructions Serves 2　　　🔊 English Audio > p.12

200g penne pasta
1 onion
3 cloves of garlic
90g bacon
120g tomato paste
1 tsp red chilli pepper
　(finely chopped)
150mL vodka
120mL fresh
　cream (35% fat)
4-6 basil leaves
20g Parmesan cheese

1 Finely chop the onion and garlic. Cut the bacon into 1-2cm pieces. Heat olive oil (2 tbsp) in a frying pan, fry until crispy, then remove. Leave the oil in the frying pan.

2 Add the onions to the same pan and fry until lightly caramelised. While frying, bring a pot of water to a boil and add salt ($\frac{1}{2}$ tbsp).

3 Once the onions turn golden brown, add the garlic, red chilli pepper, bacon(1), tomato paste and continue frying.

4 Cook the penne in boiling water for 1 min less than the package instructions.

5 Once the color of the tomato paste becomes darker, add vodka and simmer until completely evaporated [a].

6 Remove the pasta from the water (save 3-4 tbsp of the pasta water), add it to the frying pan, and mix well. Add the cream, Parmesan cheese and pasta water and mix well. Add salt ($\frac{1}{2}$ tsp), pepper ($\frac{1}{2}$ tsp), and chopped basil and mix well. Serve in a bowl, topped with grated Parmesan cheese and basil.

Kale Genovese Pasta

ケールジェノベーゼパスタ｜イタリア

 Italy

これは伝統的なイタリア料理を現代風にアレンジしたものです。ジェノベーゼペーストは、普通はたっぷりのバジルで作りますが、僕はケールにアレンジしました。ケールはアメリカやイギリスでとても人気のある野菜で、とてもヘルシーなスーパーフードとして知られています。最近、日本のスーパーでもケールが簡単に手に入るように。ジェノベーゼにケールを使うと、ほんのり苦みのあるクリーミーな味になり美味しいんです。もし少し苦すぎる場合は、塩を追加するとよいです。新しいジェノベーゼ、試してみてください。

材料 2人分

スパゲッティ — 200g

ケールジェノベーゼペースト
ケール — 大きい葉3〜4枚
レモンのしぼり汁 — $\frac{1}{2}$個分
水 — 80mL
オリーブオイル — 100〜120mL
にんにく — 2片
くるみ(ロースト) — 50g
パルメザンチーズ — 40g
塩、こしょう — 各小さじ$\frac{1}{2}$

作り方

1 ケールジェノベーゼペーストを作る。ケールは茎を取り、一口大に切り、ミキサーに入れ、レモン汁、水を加えて撹拌する。おおよそ細かくなったらオリーブオイルを少しずつ加えて撹拌する。にんにく、くるみ40g、パルメザンチーズを加えてなめらかになるまで撹拌し、塩、こしょうを加えて混ぜる。

2 鍋にたっぷりの湯を沸かし、塩大さじ$\frac{1}{2}$(分量外)を加えてスパゲッティを袋の表示時間の通りゆでる。ゆで汁大さじ2〜3を取っておく。

3 残りのくるみは粗く砕き、フライパンで2分ほど乾煎りし、取り出す。

4 フライパンをきれいにして**1**、スパゲッティのゆで汁、スパゲッティを入れて、弱火にかけながら混ぜ合わせる。

5 器に盛り、パルメザンチーズ(分量外)をかけ、**3**のくるみをのせる。

Ingredients & Instructions Serves 2

200g spaghetti pasta

Kale Genovese
3-4 large kale leaves
Juice of $\frac{1}{2}$ a lemon
80mL water
100-120mL olive oil
2 cloves of garlic
50g walnuts
40g Parmesan cheese
$\frac{1}{2}$ tsp each of salt and pepper

English Audio > p.12

1 **Make the kale Genovese.** Remove the stems from the kale, cut the leaves into bite-sized pieces, and put it in a blender. Add lemon juice and water, and blend. When it is roughly chopped, slowly drizzle in the olive oil with the blender running. Add the garlic, 40g walnuts, and Parmesan cheese and blend again. Add salt and pepper and mix well.

2 Bring a pot of water to a boil, add salt ($\frac{1}{2}$ tbsp) and cook the spaghetti as instructed on the packaging. Save 2-3 tbsp of the spaghetti water.

3 Roughly crush the remaining walnuts, toast in a frying pan without oil for about 2 min, then remove.

4 Clean the frying pan and add the kale Genovese, 2-3 tbsp of pasta water, and the spaghetti. Mix well on low heat.

5 Place in a bowl, grate some Parmesan cheese, and top with the walnuts from step 3.

French Onion Pasta

フレンチオニオンパスタ | アメリカ、フランス

  USA, France

これは、本当にフレンチオニオンスープのような味がするパスタです！ オリジナルのフレンチオニオンスープのパンをまねして、上にパン粉を加えるアレンジをしました。玉ねぎを丸ごと2個使うのは多すぎるように思えますが、たっぷり甘味が出るまでしっかり炒めてキャラメリゼすると、半分以下になります。フレンチオニオンスープの味にできるだけ近づけるためには、ゴーダチーズかグリュイエールチーズを使うことをおすすめします。美味しすぎて、ハマるパスタです。

材料　2人分

フジッリ(ショートパスタ) ― 200g
玉ねぎ ― 大2個
にんにく ― 2片
A
　ビーフコンソメスープ ― 650〜700mL
　※ ビーフコンソメスープの素2個を
　　湯650〜700mLに溶かす
　白ワインビネガー ― 60mL
　バター ― 大さじ1
　タイム(生) ― 3本
塩、こしょう ― 各小さじ1/2
生クリーム(乳脂肪分35%) ― 大さじ2
ウスターソース ― 小さじ2
チーズ(ゴーダまたはグリュイエール・ブロック)
　― 120g

トッピング
パン粉 ― 25g
オリーブオイル ― 大さじ1

作り方

1 玉ねぎとにんにくは薄切りにする。チーズはすりおろす。

2 フライパンに**トッピング**の材料を入れてきつね色になるまで炒める。

3 別のフライパンにオリーブオイル大さじ1(分量外)を熱し、玉ねぎをあめ色になるまで20分ほど炒める。にんにく、**A**、フジッリを加えて、袋の表示時間より少し短く、アルデンテになるまで煮込む。

4 タイムを取り出し、塩、こしょうを加える。火を止めて生クリームを混ぜ合わせる。ウスターソース、チーズを加えてさらに混ぜる。

5 器に**4**を盛り、**2**をかける。お好みでちぎったイタリアンパセリ(生・分量外)をのせる。

Column
いっきに海外風になる調味料

ソースなどの調味料は海外料理の味の決め手になります。
この本に登場するさまざまな調味料の種類と他の使い方を紹介します！
話題の「ベーコンジャム」のレシピも教えます！

Hollandaise Sauce

p.25 オランデーズソース｜フランス

 France

フランスのソースですが、オランダのソース「オランデーズソース」と名付けられています。バターとレモン汁と卵黄を乳化した、エッグベネディクト (p.24) には欠かせないクリーミーなソースです。グリルまたは蒸したアスパラガス、ポーチドサーモンなどの他の料理にもよく合います。

My Special Sauce

p.69 スペシャルソース｜アメリカ

 USA

アメリカはバーガーソースの種類がすごく多くて、協会があるくらい熱心です。「スペシャルソース」はバーガーに最も合う独自のソースですという意味。これは僕のスペシャルソース。クリーミーで甘く、少しスパイシーで、フライドポテトやチキン (唐揚げも) をディップしたり、サンドイッチに使っても美味しいです！

Ranch Dressing

p.81 ランチドレッシング｜アメリカ

 USA

Ranchは"牧場"という意味。アメリカで一番売れているドレッシングです。この本ではバッファローウイング (p.80) のディップに登場しましたが、サラダはもちろん、ハンバーガー、ポテトチップス、さらにピザのディップにも使えます。日本でこのドレッシングを見つけるのは難しいですが、おうちで簡単に作ることができます！

Tzatziki Sauce

p.75 ザジキソース｜ギリシャ

 Greece

これはギリシャヨーグルトときゅうりで作った伝統的なギリシャのソースです。クリーミーですが、とても爽やかで冷たく、スブラキのラップ、ピタパンや野菜のディップ、いろいろな種類の肉、魚、グリル野菜などに使われます。スーパーで売っているギリシャヨーグルトで作れるので試してみて。

おすすめレシピ
ハマる美味しさ！

Bacon Jam

ベーコンジャム｜アメリカ、イギリス

USA, UK

ベーコンジャムは、2013年にシェフのマイク・オラシェフスキーがハンバーガーのために考案したといわれています。たっぷりの玉ねぎとベーコンの甘じょっぱさがクセになるジャムです。この調味料の人気はアメリカで急上昇し、今ではさまざまなスナックや食事に使用されています。ベーコンジャムにはいろいろなタイプがあり、オリジナルのものはベーコンがジャムのように細かく刻まれています。僕のは塊状で、ダブルチーズバーガー（p.68）につけるのにぴったりです！ 他にもトースト、クラッカー、サラダ、パスタなどいろいろなものに合わせてみてください。

バゲットに牛ステーキをのせ、ベーコンジャムをかける。その上にベビーリーフなどをのせたら、ステーキサンドイッチに！

材料　作りやすい分量

ベーコン（ブロック）― 160g
玉ねぎ ― 2個

A｜三温糖 ― 120g
　｜りんご酢 ― 80mL
　｜はちみつ ― 大さじ4
　｜パプリカパウダー ― 小さじ1
　｜チリパウダー ― 小さじ1

作り方

1 ベーコンは細切りにしてフライパンでカリカリになるまで炒める。ベーコンをキッチンペーパーに取り出し、フライパンのベーコンの脂は残しておく。

2 玉ねぎは薄切りにする。1のフライパンにオリーブオイル大さじ1（分量外）を入れ、玉ねぎを炒める。茶色くなってきたら**A**を加えて炒める。

3 ベーコンをフライパンに戻し、弱火でとろみがつくまで混ぜる。耐熱容器に移し、さます。

Column
レシピの中に出てくる調味料と、その他の活用法

レシピに出てくるソースやドレッシングなどの調味料を、一覧にしました。
他のいろいろな料理に使えるので、もし気に入った調味料があったら試してみて。

ページ	調味料の名前	他の使い方
p.35	サルサ Salsa	サラダのドレッシング、グリル野菜のディップソース。タコスやブリトー、ハンバーガーやサンドイッチのソース
p.54	アボカドライムソース Avocado Lime Sauce	キヌアやライスボウルにかけたり、タコス、ブリトー、サンドイッチの具材に。グリルシーフードのディップソース。コールスローやサラダに
p.78	トマトソース Tomato Sauce	パスタのソース、パスタチップスのディップソース。ピザやサンドイッチにぬる。ミートボールのソースや、スープやリゾットの素にも
p.81	バッファローソース Buffalo Sauce	サンドイッチにぬる。チキンバーガーのフライドチキンにつける。バッファローシュリンプにしても美味しい。マカロニチーズ(p.122)にかけても
p.82	ピーナッツソース Peanut Sauce	豚肉、牛肉のサテーにも。鶏肉、牛肉、豆腐、えびの下味。ハンバーガー、サンドイッチのソースや、炒め物や麺料理にかけても
p.73	バルサミコソース Balsamic Sauce	サンドイッチ、ピザに。焼いた野菜、牛肉、鶏肉、豚肉にかける。アイスクリームなどデザートにかけても◎
p.115	バルサミコリダクションソース Balsamic Reduction Sauce	焼いた肉や魚を浸す。モッツァレラなどのチーズやブルスケッタにかける。サラダのドレッシングやアイスクリームなどにかけても
p.106	レモンヨーグルトソース Lemon Yoghurt Sauce	焼いた野菜、鶏肉、ラム肉のソースに。サラダのドレッシング。ファラフェル(コロッケ)、ケバブ、ラムコフタ(肉団子)などにも。サンドイッチ、ポテトにかけてもOK
p.113	ヨーグルトレモンディルソース Yoghurt Lemon Dill Sauce	
p.110 p.116	ごまヨーグルトソース Sesame Yoghurt Sauce	サラダのドレッシング。焼いた野菜のディップソース、焼いた鶏肉、ラム肉、牛肉にかける。サンドイッチやラップサンドのソース
p.108	ねりごまソース Sesame Sauce	サラダのドレッシング、焼いた野菜のディップソース。鶏肉、豆腐、魚の下味や、焼いた肉や魚介類にかけても
p.53	ピーナッツビネグレットドレッシング Peanut Vinaigrette Dressing	焼いた野菜にかける。ご飯、キヌアにかけてもOK。コールスローに混ぜる。鶏肉、牛肉、豆腐の下味に。生春巻きに添えても
p.57	レモンビネグレットドレッシング Lemon Vinaigrette Dressing	フルーツサラダやチキンサラダのドレッシングにも合う。焼いた野菜、シーフード、鶏肉にかけたり、サンドイッチ、ブルスケッタの具材の調味にも
p.58	赤ワインビネグレットドレッシング Red Wine Vinaigrette Dressing	
p.22	ジェノベーゼペースト Pesto Genovese	パスタのソース、パスタチップスのディップソースなどに。ピザのトッピング。サラダのドレッシング。鶏肉、魚、えびのソテーの下味にも
p.127	ケールジェノベーゼペースト Pesto Kale Genovese	

Chapter 4

Baked Goods & Desserts

焼き菓子、デザート

僕はクッキーが大好きなので、すごく研究しています。その中で一
番美味しいアメリカンタイプのクッキーの作り方を教えます！ 母
の祖国スイスのブラウニーや、毎日食べたいバナナブレッドや、に
んじんが入っているとは思えない絶品キャロットケーキなどの焼き
菓子から、イギリスでよく食べたアップルクランブルのカスタード
添えなどを紹介します。デザートドリンクもぜひ試してみてほしい
です！

Swiss Chocolate Brownies

チョコレートブラウニー｜スイス

材料　20×20×高さ5cmのスクエア型1個分

ビターチョコレート（カカオ60〜70%）
　— 200g
バター — 100g
グラニュー糖 — 150g
卵 — 2個
A　薄力粉 — 75g
　　塩 — 小さじ1/2
　　ベーキングパウダー — 小さじ1/2
ミルクチョコレート — 100g
チョコチップ（溶けにくいタイプ）— 50g
シーソルトフレーク — 適量

作り方

1 耐熱容器に砕いたビターチョコレートとバターを入れて電子レンジで1分30秒加熱して溶かし、混ぜ合わせる（溶けない場合は、10秒ずつ追加して加熱する）。オーブンは180℃に予熱する。

2 室温にさました**1**にグラニュー糖、卵を加えて泡立て器で混ぜ合わせる。**A**を合わせてふるい入れ、ゴムベラでさっくりと混ぜ合わせる。1cmくらいに砕いたミルクチョコレートを加えて混ぜ合わせる。

3 型の内側に油（分量外）を薄くぬり、クッキングシートを密着させながら型から少しはみ出るように十字に重ねて敷き[a]、**2**を平らに広げ入れる。チョコチップをのせてオーブンの中段で20〜22分焼く。

4 焼き上がったらシーソルトフレークをふって、粗熱を取り、食べやすい大きさに切る。
/// POINT　真ん中につまようじを刺して、何もついてこなかったら焼き上がり。

 Switzerland

子どもの頃、母がいつも焼いてくれたこのブラウニーを食べて育ちましたので、僕にとって幼い頃を思い出すとてもノスタルジックな味がします。このレシピは、アメリカの伝統的なブラウニーのスイス版です。スイスのチョコレートが一番美味しいと思うので、このブラウニーを作るときはスイスのチョコを使うようにしています。ビターチョコとミルクチョコのバランスが、このブラウニーを特別なものにしています。上にフレーク状の塩をふりかけるのが好きです。風味を引き立ててくれるので、やってみてください！

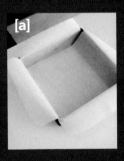
[a]

Ingredients & Instructions　L20 x W20 x H5cm Baking tin

🔊 English Audio > p.12

200g dark chocolate
　(60-70% cacao)
100g butter
150g granulated sugar
2 eggs
A　75g cake flour
　　1/2 tsp salt
　　1/2 tsp baking powder
100g milk chocolate
50g chocolate chips
　(the type that doesn't melt easily)
Sea salt flakes, to taste

1　Put crushed dark chocolate and butter in a large microwave safe bowl and heat in the microwave for 1 min 30 sec or until just melted, then mix well (if not melted, heat for additional 10 sec at a time). Preheat the oven to 180°C.

2　Once the melted chocolate has cooled to room temperature, add granulated sugar, eggs and mix well using a whisk. Sift the cake flour, salt, and baking powder into the chocolate and mix lightly with a spatula. Add the milk chocolate, roughly chopped into 1cm pieces and mix well.

3　Brush the inside of the cake mould with oil. Place 2 sheets of baking paper in a cross pattern [a], so that it extends above the walls of the mould, and press to stick to the bottom and sides. Pour in the brownie mix and spread evenly. Top with chocolate chips and bake on the middle shelf of the oven for 20-22 min.

4　Once baked, sprinkle with sea salt flakes to taste, allow to cool, and cut into bite-sized squares.
TIP: It's done when you insert a toothpick into the centre and it comes out clean.

Banana Bread

バナナブレッド｜アメリカ

 USA

茶色くなってしまったバナナが残っていませんか？ 美味しいバナナブレッドが作れます！ バナナブレッドは、実はアメリカのインターネットで最も検索されている菓子パンです。バナナが冷蔵でアメリカに輸送され、重曹が広く入手できるようになった1930年代にアメリカで人気になりました。このレシピは簡単に作れるから初心者にもおすすめです。僕は月に1回くらいこのブレッドを作り、軽食やデザートとして数日くらいかけて食べています。チョコレートとくるみを加えると風味と食感が増しますが、なしでも美味しく仕上がります！

材料　横22×縦10.5×高さ7cmのパウンド型1個分

バター ― 100g
くるみ(ロースト) ― 50g
ミルクチョコレート ― 50g
バナナ ― 3本
卵 ― 2個
三温糖 ― 100g
A　強力粉 ― 200g
　　重曹 ― 小さじ1
　　塩 ― 小さじ 3/4
チョコチップ(溶けにくいタイプ) ― 60g
バニラエッセンス ― 小さじ1

作り方

1 バターは耐熱容器に入れてふんわりとラップをかけ、電子レンジで1分30秒加熱し、溶かしバターにする（溶けない場合は、10秒ずつ追加して加熱する）。くるみはめん棒などを押し当てて砕く。ミルクチョコレートは包丁で細かく砕く。オーブンは180℃に予熱する。

2 ボウルにバナナを手で適当な大きさに割って入れ、フォークなどでつぶす。卵を加えて泡立て器で混ぜ合わせる。三温糖、溶かしバターを加え、そのつどよく混ぜ合わせる。

3 Aを合わせて2に数回に分けてふるい入れ、そのつどゴムベラで粉気がなくなるまでさっくりと混ぜる。チョコチップ、バニラエッセンス、くるみ、ミルクチョコレートを加えて混ぜる。このとき、チョコチップとくるみは飾り用に少し取っておく。

4 型の内側に油（分量外）をぬり、クッキングシートを敷く[a]。3を流し入れ、底を軽く打ちつけて空気を抜き、表面に3で取っておいたチョコチップとくるみをのせる。

5 オーブンの中段で50分～1時間焼く。粗熱をとる。
///POINT　真ん中につまようじを刺して何もついてこなければ焼き上がり。

ベーキングパウダーと重曹は違う？

食品を膨らませるために使うのはどちらも同じですが、成分が違います。重曹は、特有の香りと塩味があります。ベーキングパウダーは、主成分は重曹ですが、重曹の香りなどを減らすため少ない重曹で膨らむ配合にしたものです。そのため僕のレシピでは味や膨らみ方を考えて、両方を使う場合もあります。

[a]

Red Velvet Cupcakes

レッドベルベットカップケーキ｜アメリカ

 USA

おそらくアメリカで最も人気のあるカップケーキのフレーバーで、深紅のケーキに真っ白なフロスティングやアイシングがかかっています。このケーキは有名な「ウォルドーフ・アストリア・ホテル」が最初に作ったといわれています。1940年代、多くのパン屋がケーキにビートジュースを使用していました。ビートジュースはケーキを美しい赤色にしてくれるだけでなく、やわらかくしっとりとさせてくれるからです。今では、赤色を出すのに着色料を使っていますが、レッドベルベットは誕生日、結婚式、記念日や手土産などによく選ばれ、僕のお気に入りのフレーバーでもあります。

材料　直径5×高さ3cmのマフィン型6〜8個分

グラニュー糖 ― 90g
オリーブオイル ― 170mL
卵（室温に戻す） ― 1個
食用色素（赤・ジェルタイプ） ― 小さじ $\frac{1}{8}$
バニラエッセンス ― 小さじ1
A ┌ 薄力粉 ― 120g
　　├ ココアパウダー ― 20g
　　├ 塩 ― 小さじ1
　　└ ベーキングパウダー ― 小さじ1
牛乳 ― 80mL
酢 ― 小さじ1
ビターチョコレート（カカオ60〜70％） ― 40g

フロスティング

バター（室温に戻す） ― 55g
クリームチーズ（室温に戻す） ― 115g
粉糖 ― 120g
バニラエッセンス ― 少々

作り方

1 大きめのボウルにグラニュー糖とオリーブオイルを入れて泡立て器（ハンドミキサーを使ってもよい）で混ぜる。卵を加えてさらに混ぜる。食用色素とバニラエッセンスを加えてさらに混ぜる。

2 **A**を合わせて、**1**に数回に分けてふるい入れ、そのつどゴムベラで粉気がなくなるまで混ぜる。

3 牛乳、酢を加えてよく混ぜる。細かく刻んだビターチョコレートを加えて混ぜる。オーブンは180℃に予熱する。

4 型に等分に生地を入れて、オーブンの中段で20〜22分焼く。

5 焼いている間に**フロスティングを作る**。ボウルにバターを入れて泡立て器（ハンドミキサーを使ってもよい）でクリーム状になるまで混ぜる。クリームチーズを加えてさらに混ぜ合わせる。粉糖を少量ずつふるい入れ、そのつど粉気がなくなるまで混ぜる。バニラエッセンスを加えて混ぜ、星口金をつけたしぼり袋に入れる。

6 **4**が焼き上がったら完全にさまし、**5**を上にしぼる。

Ingredients & Instructions　Makes 6-8 (Dia 5 x H3cm Muffin tin)

🔊 **English Audio > p.12**

90g granulated sugar
170mL olive oil
1 egg (at room temperature)
$\frac{1}{8}$ tsp of food colouring
　(red, gel type)
1 tsp vanilla extract
A ┌ 120g cake flour
　　├ 20g cocoa powder
　　├ 1 tsp salt
　　└ 1 tsp baking powder
80mL milk
1 tsp vinegar
40g dark chocolate
　(60-70% cacao)

Frosting

55g butter (at room temperature)
115g cream cheese
　(at room temperature)
120g powdered sugar
A few drops of vanilla extract

1　Mix the granulated sugar and olive oil in a large bowl with a hand mixer. Add the eggs, food colouring, vanilla extract and mix well.

2　Mix together the cake flour, cocoa powder, salt and baking powder and sift into the bowl a little at a time, mixing each time using a spatula until the flour is no longer lumpy.

3　Add the milk and vinegar and mix well. Add finely chopped dark chocolate and mix. Preheat the oven to 180°C.

4　Pour the batter evenly into the oven tin lined with cupcake liner and bake on the middle rack of the oven for 20-22 min.

5　While the cupcakes are baking, **make the frosting**. Put the butter in a bowl and mix with a hand mixer until it becomes creamy. Add the cream cheese and mix well. Sift in powdered sugar in small amounts, add the vanilla extract, and mix until smooth. Then put it into a piping bag.

6　Once the cupcakes are baked, allow them to cool completely and pipe the frosting on top.

Swiss Apple Pie

スイスアップルパイ｜スイス

🇨🇭 **Switzerland**

これはスイス人の母のレシピです。子どもの頃から、母は時々このパイを焼いてくれて、僕たちは2〜3日かけてスライスして食べていました。アメリカのアップルパイとはまったく違います。牛乳と生クリームを使ったフィリングはクリーミーな味わいで、りんごは煮ずにフレッシュなまま焼くので味がマイルド、しかも、パイ生地は底にしかありません！砕いたアーモンドを入れることで、パイ生地がフィリングで湿らず、また異なる食感を与えます！ホイップクリームかバニラアイスクリームと一緒に食べるのがおすすめです！

材料 直径24cmのパイ皿1個分

冷凍パイシート（11×19cmのもの）— 2枚
りんご — 1個
アーモンド — 50g
生クリーム（乳脂肪分35%）— 100mL
牛乳 — 100mL
卵 — 2個
三温糖 — 大さじ1
シナモンパウダー — 小さじ1/2

作り方

1. 型の内側に油（分量外）をぬり、型の底に合わせて丸く切ったクッキングシートを敷く。

2. 卵1個を溶きほぐす。室温で解凍したパイシート2枚を、端を重ねて溶き卵をぬり、つなぎ目を留める。めん棒で型より少し大きいくらいにのばす。型の上に広げ、余分なところを切り落とす [a]。余った生地は合わせて細長いソーセージ状にのばし、型のふちに沿わせながら生地につける [b]。フォークで生地の底に数か所穴を開ける。

3. オーブンは200℃に予熱する。りんごは皮をむき、5mm厚さのくし形切りにする。アーモンドは袋に入れてめん棒などを押し当てて砕く。

4. ボウルに生クリーム、牛乳、卵1個、三温糖、シナモンパウダーを加えて混ぜ合わせる。

5. 砕いたアーモンドを**2**に広げ入れ [c]、上にりんごを円状に重ねて並べる。**4**を流し入れ [d]、ふちのパイ生地に溶き卵をぬり、オーブンの中段で35〜40分焼く。

Coconut Cookies

ココナッツクッキー｜アメリカ

 USA

ベトナムで食べたココナッツとミックスナッツのバーがとても美味しかったので、クッキーだったら最高だと思い、このレシピを考えました！ このクッキーも僕が大好きなアメリカンタイプのクッキーです。ココナッツフレークが手に入るなら、それを使うことをおすすめします。食感がよくなります！

Chocolate Chip Cookies

チョコチップクッキー｜アメリカ

 USA

僕はクッキーが大好きなので、店で見かけたら必ず食べてみます。世界中のクッキーを食べてきて、一番好きなのが、外はカリカリで中がモチモチのアメリカンスタイルの大きなクッキーです！ 100種類近くのクッキーレシピを試し、食感と味の最高の組み合わせを生み出しました。このレシピは今まで食べた中で最高のチョコチップクッキーになると思います！ 完璧なクッキーを作る3つのポイント。①バターを焦がして味に深みを与える、②生地はしっかりひやして風味を出す、③焼き上がったらすぐにフレーク状の塩をふりかける！

Chocolate Chip Cookies

チョコチップクッキー｜アメリカ

泡が立ち始めたら、突然茶色になります。焦がしすぎないように注意！

材料　直径約10cmのクッキー約8枚分

バター — 150g
ビターチョコレート
　（カカオ60〜70%）— 300g
三温糖 — 125g
グラニュー糖 — 100g
卵（室温に戻す）— 1個
バニラエッセンス — 小さじ1
A ｜ 薄力粉 — 280g
　｜ 重曹 — 小さじ1/2
　｜ 塩 — 小さじ1/2
シーソルトフレーク — 適量

作り方

1　鍋にバターを入れて火にかけて溶かす。茶色くなるまで混ぜながら加熱したら [a]、ボウルに取り出し、粗熱を取る。チョコレートを大小ランダムに包丁などで砕き、冷蔵庫でひやす。

2　ボウルに三温糖とグラニュー糖を入れて混ぜ合わせる。**1**のバター、卵、バニラエッセンスを加えてそのつど混ぜ合わせる。

3　**A**を合わせて**2**に数回に分けてふるい入れ、そのつどゴムベラで粉気がなくなるまで混ぜる。さらに**1**のチョコレートを加えて混ぜる。8等分にして丸めてバットなどに並べ、冷蔵庫で45分ひやす。オーブンは170℃に予熱する。

4　クッキングシートを敷いた天板に丸めたままの生地を十分な隙間をあけて並べる。
///POINT　焼くと生地が大きく広がるため。

5　オーブンの中段で17分焼く。焼き上がったらすぐにシーソルトフレークをふる。天板にのせたままさます。

Coconut Cookies

ココナッツクッキー｜アメリカ

材料　直径約10cmのクッキー約8枚分

バター — 150g
アーモンド — 70g
ココナッツフレーク — 150g
三温糖 — 95g
グラニュー糖 — 75g
卵（室温に戻す）— 1個
バニラエッセンス — 小さじ1
A ｜ 薄力粉 — 130g
　｜ 重曹 — 小さじ1/2
　｜ 塩 — 小さじ1/2
シーソルトフレーク — 適量

作り方

1　鍋にバターを入れて火にかけて溶かす。茶色くなるまで混ぜながら加熱したら、ボウルに取り出し、粗熱を取る（チョコチップクッキーの[a]）。アーモンドは袋に入れてめん棒などを押し当ててざっくりと砕く。ココナッツフレークは1cmくらいの大きさに細かくする[a]。

2　大きめのボウルに三温糖とグラニュー糖を入れて混ぜ合わせる。**1**のバター、卵、バニラエッセンスを加えてそのつど混ぜ合わせる。

3　**A**を合わせて**2**に数回に分けてふるい入れ、そのつどゴムベラで粉気がなくなるまでさっくりと混ぜる。ココナッツフレークとアーモンドをそれぞれ何回かに分けて入れ、そのつど混ぜ合わせる。オーブンは190℃に予熱する。

4　8等分にして丸め、クッキングシートを敷いた天板に十分な隙間をあけて並べ、手で厚さ2cmに平らにつぶす[b]。冷蔵庫で45分冷やす。

5　オーブンの中段で18〜20分焼く。焼き上がったらすぐにシーソルトフレークをふる。天板にのせたままさます。

S'more Cookies

スモアクッキー ｜ アメリカ

材料　直径約10cmのクッキー約6枚分

バター ― 150g
ビターチョコレート（カカオ60〜70％）
　 ― 110g
三温糖 ― 120g
グラニュー糖 ― 90g
卵（室温に戻す）― 1個
バニラエッセンス ― 小さじ1
A｜薄力粉 ― 280g
　｜重曹 ― 小さじ1/2
　｜塩 ― 小さじ1/2
全粒粉ビスケット（またはグラハムクラッカー）
　 ― 6枚（約6.5×4.5cm）
マシュマロ ― 大6個

作り方

1 鍋にバターを入れて火にかけて溶かす。茶色くなるまで混ぜながら加熱したら [a]、ボウルに取り出し、粗熱を取る。チョコレートは溝に沿って6ピース分を取り分け、残りは包丁で細かく砕く。

2 大きなボウルに三温糖とグラニュー糖を入れて混ぜ合わせる。**1**のバターを加えて泡立て器で混ぜ合わせる。卵とバニラエッセンスを加えて色が薄くなるまでよく混ぜる。
///**POINT**　三温糖が固まっている場合は、ざるでふるい入れ、塊はゴムベラですりつぶしながら入れる。

3 **A**を合わせて**2**に数回に分けてふるい入れ、そのつどゴムベラで粉気がなくなるまでさっくりと混ぜる。細かく砕いたほうのチョコレートを加えて混ぜ合わせる。

4 クッキングシートを敷いた天板に全粒粉ビスケットを隙間をあけて並べ（ひとつの天板に3枚くらいが目安）、その上にピースに分けたチョコレート、マシュマロの順にのせる。**3**の生地を6等分にして丸めてから平らにし、マシュマロを覆いながら全体が隠れるように包む [b]。冷蔵庫で45〜50分ひやす。オーブンは170℃に予熱する。

5 オーブンの中段で19〜21分焼く。天板にのせたままさます。
///**POINT**　オーブンから取り出したクッキーはまだやわらかくて生焼けのように見えるかもしれませんが、心配しないでください。さめるまで天板においておけば天板の余熱でしっかり焼けます。

泡が立ち始めたら、突然茶色になります。焦がしすぎないように注意！

🇺🇸 USA

スモアはキャンプやガールスカウトの代名詞ともいえる、マシュマロを串に刺してキャンプファイヤーで溶かし、グラハムクラッカー2枚とチョコレートバーではさむ、アメリカの伝統的なお菓子です。スモアのレシピは、1920年代のガールスカウトのガイドブックにまでのっています。今も、キャンプをすると定番のおやつです！ スモアの名は「Some more」に由来していて、「もっと食べたくなる！」という意味。アメリカの最も象徴的なスイーツ2つ、「クッキー」と「スモア」の組み合わせは、SNSで話題になりましたが、これが僕のバージョンのスモアクッキーです。

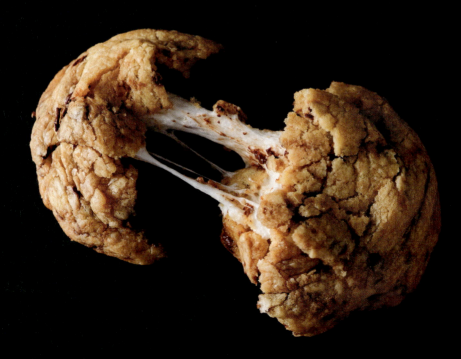

Flapjacks

フラップジャック｜イギリス

UK

フラップジャックは、オートミールで作る伝統的なイギリスの甘いスナックです。オリジナルのレシピはなんと、1600年代にまで遡ります！ フラップジャックは僕のレシピの中でも人気が高く、SNSトータルで1500万回以上再生されています。高校生のときは学校のスナックショップでよく買っていましたし、大学時代には食事が十分に取れないときの緊急用軽食としていつもバッグに入れて持ち歩いていました。今はチョコレートやドライフルーツなどさまざまな味がありますが、僕のお気に入りは5つの材料だけを使ったオリジナルです。

材料 20×20×高さ5cmのスクエア型1個分

バター — 120g
三温糖 — 110g
はちみつ(またはゴールデンシロップ) — 80g
シーソルトフレーク(または塩) — ひとつまみ
オートミール — 240g

作り方

1 型にクッキングシートを敷く(p.135の工程**3**を参照)。オーブンを180℃に予熱する。

2 フライパンにバターを入れて弱火〜中火にかける。バターが溶けたら三温糖、はちみつを加えて混ぜながら加熱する。三温糖が溶けてなめらかになったらシーソルトフレークを加えて混ぜる。オートミールを加え、全体をしっかり混ぜる。

3 **2**を型に平らに広げ、オーブンの中段で20〜25分焼く。

4 焼き上がったら取り出して15分ほどさまし、食べやすい大きさに切る。

Ingredients & Instructions L20 x W20 x H5cm Baking tin

120g butter
110g brown sugar
80g honey (or golden syrup)
a pinch of sea salt flakes
240g oats

1 Line a square baking tin with baking paper (see step **3** on p.135). Preheat the oven to 180°C.

2 Melt butter in a frying pan. Once the butter has melted, add the brown sugar and honey and stir. Once the brown sugar has melted and the mixture is smooth, add the sea salt flakes. Add the oats and mix well.

3 Pour the oat mix evenly into the baking tin, and bake in the middle rack of the oven for 20-25 min.

4 Once baked, remove from the oven and cool for about 15 min, then cut into bite-sized pieces.

Rice Krispies Treats

ライスクリスピートリート | アメリカ

材料　20×20×高さ5cmのスクエア型1個分

ライスクリスピーシリアル ― 150g
バター ― 20g
マシュマロ ― 150〜180g
オレオ®クッキー ― 6枚
ビターチョコレート
　（カカオ60〜70％）― 40g

作り方

1　型にクッキングシートを敷く (p.135の工程**3**を参照)。大きめの鍋にバターを入れて弱火で熱し、マシュマロを加えて溶かす。マシュマロが完全に溶けたら火からおろし、ライスクリスピーを少量ずつ加えて混ぜ合わせる。

2　鍋から $2/3$ 量を取り出し、型にスプーンなどで平らにして入れる。端の $1/3$ は空けておく。

3　**2**の鍋に砕いたオレオ®を加えてよく混ぜ合わせる。固まってしまった場合は弱火にかけながら混ぜる。

4　型のあけておいたところに**3**を入れる [**a**]。

5　チョコレートは耐熱容器に入れて、ラップをかけずに電子レンジで20秒加熱して溶かす (溶けない場合は、10秒ずつ追加して加熱する)。中央の $1/3$ にトッピングする [**b**]。

6　冷蔵庫で15分ほどひやし固め、食べやすい大きさに切る。

[a]

[b]

Ingredients & Instructions L20 x W20 x H5cm Baking tin

🔊 English Audio > p.12

150g Rice Krispies cereal
20g butter
150-180g marshmallows
6 Oreo® cookies
40g dark chocolate
　(60-70% cacao)

1　Line a square baking tin with baking paper (see step **3** on p.135) . In a large pot or frying pan, melt the butter over low heat. Stir in the marshmallows until completely melted. Remove from the heat and gradually mix in the Rice Krispies until well combined.

2　Transfer $2/3$ of the mixture into a square baking tin. Press the mixture evenly into the tin with a spoon, leaving the remaining $1/3$ of the tin empty for now.

3　Add crushed Oreo®s to the remaining $1/3$ of the mixture and mix well. If it has already hardened, reheat on low while stirring.

4　Transfer to the remaining space in the baking tin and press evenly with a spoon[**a**].

5　Place the chocolate in a microwave safe bowl, and microwave for about 20 sec until melted (if not melted, heat for additional 10 sec at a time). Drizzle onto $1/3$ of the Rice Krispies [**b**].

6　Chill in the refrigerator for about 15 min, then remove from the tin and cut into bite-sized pieces.

🇺🇸 USA

ライスクリスピートリートは、1939年にケロッグ社で発明されました。僕も子どもの頃大好きなおやつで、よく学校に持って行きました。おうちで簡単に作れるので、アメリカの親たちは誕生日パーティーや学校行事、ベークセールなどのためによく作ります。好きなものをトッピングしても楽しいです。僕のレシピでは、プレーン、チョコ、オレオ®の3バージョンを作りました！ ライスクリスピーシリアルは、アメリカやイギリスでは一般的ですが、日本ではあまりないかも。見つからないときは、プレーンコーンフレークで代用してください。食感は少し変わりますが、味は同じくらい美味しいですよ。

Lemon Cookies

レモンクッキー｜アメリカ

🇺🇸 USA

僕はレモン味のクッキーをずっと作ってみたくて、いろいろ試していたときに、スウェーデンの「ハロンロットル」といわれるくぼみを作ってそこにラズベリージャムを入れるサムプリントクッキーと、外側が美しい白い模様の粉砂糖で覆われたクリンクルクッキーを組み合わせたような、このレシピに出合い、レモンクッキーにアレンジしました。酸味のあるレモンカードと甘いソフトクッキーの組み合わせは完璧だと思います！ 粉糖をまぶす前に必ずクッキー生地をひやしてください。そうしないと粉糖が溶けてしまいます。

材料 12枚分

バター — 56g
グラニュー糖 — 100g
レモンの皮のすりおろし — 1個分
レモンのしぼり汁 — 1/2個分
卵 — 1個
バニラエッセンス — 小さじ1
A | 薄力粉 — 250g
　　　| 重曹 — 小さじ1/2
　　　| 塩 — 小さじ1/2
粉糖 — 50g

レモンカード（作りやすい分量）
レモンの皮のすりおろし — 1個分
レモンのしぼり汁 — 2個分
卵 — 2個
粉糖 — 150g
バター — 115g

作り方

1 **レモンカードを作る。**小鍋にバター以外の材料を入れ泡立て器でよく混ぜる。弱火〜中火にかけ、温まってきたらバターを加えて溶かし、とろみがつくまで混ぜながら加熱する。とろみがついたら火からおろし、ざるなどで濾してボウルに移してさます。粗熱が取れたら冷蔵庫でひやす。

2 バターは耐熱容器に入れてふんわりとラップをかけ、電子レンジで50秒加熱し、溶かしバターにして（溶けない場合は、10秒ずつ追加で加熱する）粗熱を取る。ボウルにグラニュー糖とレモンの皮を入れて指先ですり合わせる[**a**]。溶かしバター、レモン汁、溶きほぐした卵、バニラエッセンスを加え、泡立て器で混ぜ合わせる。**A**を合わせてふるい入れ、ゴムベラでさっくりと粉気がなくなるまで混ぜ、冷蔵庫で1時間ひやす。オーブンを180℃に予熱する。

3 生地を12等分にして丸める。バットに粉糖を入れ、丸めた生地を転がしながら粉糖を素早く全体にまぶす[**b**]。

4 クッキングシートを敷いた天板に6個ずつ並べ、オーブンの中段で15分焼く。オーブンから取り出し、やわらかいうちに丸いスプーンの底を押し当ててくぼみを作る[**c**]。5分ほどさましたらくぼみにレモンカードをのせる。もう6個も同じように作る。

レモンの皮のすりおろし方
おろし器を使って、皮の黄色い部分だけをすりおろす。白い部分まですりおろしてしまうと、苦みが出てしまうので注意。

Apple Crumble with Custard
アップルクランブルとカスタード｜イギリス

 UK

カスタードを添えたアップルクランブルは、僕のお気に入りのイギリスのデザートのひとつです。学校給食で出されていて、僕はいつもカスタードを追加していました！ 多くのイギリス料理と同様に、これも第二次世界大戦の配給制のときに生まれました。食糧不足で小麦粉などの材料が不足し、より多くの材料を使うアップルパイの代わりにこれが人気になったのです！残ったりんごを安く簡単に使い切る方法ということも、1950年代に人気になった理由です。アメリカでは、オートミールで作るアップルクリスプと呼ばれる同様のデザートがあります。

材料　4人分

りんご — 2個
バター(冷たいもの) — 70g
グラニュー糖 — 110g
レモンのしぼり汁 — 1個分
薄力粉 — 100g
シナモンパウダー — 大さじ1
ナツメグパウダー — 小さじ1

バニラカスタード
牛乳 — 400mL
生クリーム — 200mL
卵黄 — 4個
グラニュー糖 — 大さじ2
コーンスターチ — 大さじ1
バニラエッセンス — 小さじ1
レモンの皮のすりおろし — 適量

作り方

1 りんごは皮つきのまま2cm角に切る。バターは1cm角に切ってひやしておく。オーブンは200℃に予熱する。

2 鍋にりんご、グラニュー糖60g、レモン汁を加えて弱火にかけ、しんなりとしてきたら、耐熱容器に入れる。

3 ボウルに薄力粉、**1**のバターを入れてほどよい塊になるよう指先でこすり合わせる[**a**]。グラニュー糖50g、シナモンパウダー、ナツメグパウダーを加えてさらに混ぜる。**2**のりんごを完全に覆うようにのせ[**b**]、オーブンの中段で35〜40分焼く。
///POINT　大小の塊があると食感がよくなります。

4 バニラカスタードを作る。鍋に牛乳と生クリームを入れて沸騰しないように温める。ボウルに卵黄、グラニュー糖、コーンスターチ、バニラエッセンス、レモンの皮を加えて白っぽくなるまで混ぜ合わせる。ボウルに鍋の中身を少量入れて均等になるまで混ぜたら[**c**]、鍋に戻し入れる。弱火にかけて15〜20分ほど、とろみがつくまで混ぜる[**d**]。

5 器に**3**を盛り、温かいバニラカスタードを添える。

Mixed Berries & Chocolate Frozen Yoghurt Bites

ミックスベリーとチョコレートのヨーグルトアイス｜アメリカ

 USA

冷凍フルーツとヨーグルトを混ぜて固め、チョコレートでコーティングしたこの冷たいスイーツは、アメリカのSNSで話題になりました！ 夏にぴったりのちょっとしたスイーツで、簡単に作れてヨーグルトベースだから比較的ヘルシーです！ 冷凍フルーツは、お好きな種類で自由に加えてOK。溶けて水っぽくなる前に、ヨーグルトに素早く混ぜるようにしてください。チョコレートがなめらかになり味もよくなるので、ココナッツオイルがおすすめですが、もし手に入らない場合は、オリーブオイルでも大丈夫です。

材料 4個分

冷凍ミックスベリー ― 50g
ギリシャヨーグルト ― 大さじ2
はちみつ ― 小さじ2
ビターチョコレート
　（カカオ60〜70％）― 100g
ココナッツオイル ― 小さじ2

作り方

1 ボウルにミックスベリーとヨーグルトとはちみつを入れて混ぜ合わせる。
///POINT　冷凍ミックスベリーが溶けないように素早く。

2 バットやオーブンの天板にクッキングシートを敷き、**1**をスプーンで一口大くらいの大きさにすくい、4つ並べる [a]。20〜25分冷凍庫でひやし固める。

3 耐熱ボウルに砕いたチョコレートとココナッツオイルを入れて、ラップをかけずに電子レンジで20秒加熱して溶かす（溶けない場合は、10秒ずつ追加して加熱する）。冷凍庫から取り出した**2**に絡め、再び冷凍庫で10分ひやす。

Ingredients & Instructions　L20 x W20 x H5cm Baking tin

English Audio > p.12

50g frozen mixed berries
2 tbsp Greek yoghurt
2 tsp honey
100g dark chocolate
　(60-70% cacao)
2 tsp coconut oil

1 Combine the mixed berries, yoghurt, and honey in a bowl and mix well.
　TIP : Work quickly so the frozen mixed berries don't melt.

2 Line a tray with baking paper and scoop 4 spoonfuls of the yoghurt fruit mix onto the tray [a]. Place the tray in the freezer for 20-25 min until frozen.

3 Add the chocolate and coconut oil in a microwave safe bowl and place in the microwave for about 20 sec until melted and mix well (if it hasn't melted, heat for an additional 10 sec). Dip the frozen yoghurt fruit mix in the chocolate so that it is completely covered, and place in the freezer for 10 min until frozen solid.

Carrot Cake

キャロットケーキ｜イギリス、フランス、アメリカ

UK, France, USA

キャロットケーキの起源は中世にまで遡り、高価だった砂糖などの代わりに、にんじんが使われていたそう。「キャロットケーキ」が初めて登場したのは、1824年のフランスの料理本です。それ以来、このケーキはヨーロッパやアメリカで最も人気のあるケーキのひとつとなり、多くのカフェで見られるように。僕のお気に入りは、イギリスやアメリカでよく見る、上にクリームチーズのフロスティングが厚くぬられているタイプ。僕のレシピはにんじんをたっぷり使っていますが、ケーキの中に完全に溶け込んでいて、にんじんが入っていることに気付かないほどなので、驚かれると思います！

材料　横22×縦10.5×高さ7cmのパウンド型1個分

にんじん — 大2本(200g)
くるみ(ロースト) — 80g
A | 薄力粉 — 225g
　　 | ベーキングパウダー — 小さじ1
　　 | 重曹 — 小さじ1
　　 | シナモンパウダー — 小さじ1
　　 | 塩 — 小さじ$\frac{3}{4}$
　　 | ナツメグパウダー — 小さじ$\frac{1}{2}$
三温糖 — 150g
卵 — 2個
バニラエッセンス — 小さじ1
アボカドオイル
　　(またはオリーブオイル) — 120mL

フロスティング
クリームチーズ(室温に戻す) — 200g
粉糖 — 100g
バニラエッセンス — 小さじ1

作り方

1 にんじんは皮をむき、チーズおろし器(またはしりしり器)ですりおろす。くるみは袋に入れてめん棒などを押し当てて砕く。型にクッキングシートを敷く(p.136の工程**4**を参照)。オーブンは180℃に予熱する。

2 大きなボウルに**A**を入れて混ぜる。

3 別の大きなボウルに三温糖と卵とバニラエッセンスを入れて泡立て器で色が白っぽくなるまで混ぜる。アボカドオイルを少量ずつ加えながら混ぜる。

4 **2**を2回に分けて**3**にふるい入れ、そのつどゴムベラで粉気がなくなるまで混ぜる。**1**のにんじんを加えて混ぜ合わせ、くるみも加えてよく混ぜる。

5 型に**4**を流し入れ、底を軽く打ちつけて空気を抜き、オーブンの中段で50分焼く。
///**POINT**　中央につまようじを刺して、何もついてこなければ焼き上がり。

6 **フロスティングを作る。**ボウルにクリームチーズと粉糖を入れ、泡立て器(ハンドミキサーを使ってもよい)でなめらかになるまで混ぜ合わせる。バニラエッセンスを加えて混ぜる。

7 **5**の粗熱が取れたら、パレットナイフなどでフロスティングをぬる。お好みでローストしたくるみ(分量外)を飾る。

157

Crema Di Caffè

クレーマ ディ カフェ｜イタリア

 Italy

これはカフェオレのフローズンみたいな、デザートドリンクです。イタリアのほとんどのカフェにあって、イタリア人はよく夕食後に注文します。通常はミキサーでクリームを泡立てて作りますが、ペットボトルで作ることもできるんです！ ポイントはエスプレッソと生クリームがよくひえていること。シェイクして作るのが、楽しいです。冷たくして召し上がれ。

材料　1人分

エスプレッソ ― 1ショット（30mL）
　＊または
A ｜ インスタントコーヒー
　　　　― 小さじ2
　　　　お湯 ― 30mL

粉糖 ― 大さじ2
生クリーム（乳脂肪分45%）― 200mL
ココアパウダー ― 少々

作り方

1 計量カップなど、注ぎ口のあるカップにエスプレッソ（または**A**）と粉糖を入れてよく混ぜ合わせ、冷蔵庫でひやす。

2 **1**を500mLのペットボトルに入れ、冷たい生クリームを注ぎ入れ、音がしなくなるまでよくシェイクする。シェイクしている間にぬるくなってしまったら、冷蔵庫でひやす。
///**POINT**　シェイクしすぎるとバターになってしまうので注意。

3 器に入れてココアパウダーをふる。

Column
Dessert Drink

世界のデザートドリンク

僕が大好きな世界のデザートドリンクを紹介します。
スイーツと飲み物の中間のようなドリンクです。
家で手軽に作れて、一日中楽しむことができます。

Spicy Thick Hot Chocolate

ピリ辛とろとろホットチョコレート｜メキシコ、アメリカ

  Mexico, USA

これを初めて飲んだのは、中米のグアテマラでバックパッカーをしていたときでした。アンティグアという小さな町に、伝統的なレシピでこのホットチョコレートを出しているコーヒーショップがありました。スパイシーなホットチョコレートを初めて飲んだのですが、とても美味しかったので、味を再現してこのレシピにたどり着きました。とろっとろでピリッと辛く体が温まります。辛さはお好みで調節してくださいね。

材料　1人分

ビターチョコレート
　（カカオ60～70%）── 150g
牛乳 ── 350mL
A｜砂糖 ── 大さじ2
　｜バニラエッセンス ── 少々
　｜シナモンパウダー ── 少々
　｜チリパウダー ── 少々
　｜カイエンペッパー ── 少々
マシュマロ ── 小3個
チリパウダー(またはココアパウダー) ── 少々

作り方

1 チョコレートは細かく刻み、小鍋に入れる。牛乳を加えて火にかけ、チョコレートが溶けるまで混ぜながら加熱する。

2 チョコレートが溶けたら火を弱め、とろみがつくまで8～10分煮る。**A**を入れて混ぜ合わせる。

3 器に入れ、マシュマロをのせ、チリパウダーをかける。

Pumpkin Spice Latte

パンプキンスパイスラテ｜アメリカ

 USA

毎年秋になると、アメリカのスターバックスでは最も人気のあるフレーバーのひとつの、このラテを提供します。これがメニューに登場すると、みんな興奮します。僕のレシピは、かぼちゃの味が強くて、健康的かも！　西洋かぼちゃが手に入りにくいと思うので、このレシピでは日本のかぼちゃを使用しています。かぼちゃ味をもっと強くしたい場合は、ピューレを多めに加えてください。

材料　1人分

牛乳 ── 400mL
A｜インスタントコーヒー ── 小さじ2
　｜メープルシロップ ── 小さじ2
　｜シナモンパウダー ── 少々
　｜ナツメグパウダー ── 少々
　｜ジンジャーパウダー ── 少々
かぼちゃピューレ(作りやすい分量)
かぼちゃ ── 1/4個
水 ── 大さじ1

作り方

1 **かぼちゃピューレを作る。** かぼちゃは一口大に切り、耐熱容器に入れ、ラップをかけて電子レンジでやわらかくなるまで8～10分加熱する。皮を取り除いてミキサーに入れ、水を加えて攪拌する。

2 鍋に牛乳を入れて火にかけ、沸騰する前に火を止め、ミルクフォーマーで泡立てる。

3 マグカップに**2**の液体を注ぎ(泡は後で使う)、かぼちゃピューレ大さじ3を加えてよく混ぜる。**A**を加えて混ぜ、上にミルクの泡をのせ、お好みでシナモンパウダー(分量外)をふる。

ハングリーハスキー

アメリカとイギリス育ち。父が日本人で、母がスイス人。現在、日本在住。幼い頃からの料理への興味や、いろいろな国に住んで食べ歩いた経験から、料理へのパッションが芽生えた。常に世界中のさまざまなレシピに挑戦し、日本の材料で作れる美味しい海外レシピと料理英語など、食と文化を発信している。Instagramフォロワー24.4万人（2024年8月26日現在）。ハングリーハスキーの名は、ハスキー犬に似ていて食べることが大好きだから「お腹をすかせたハスキー」ということで、妻に名付けられた。

Instagram @hungryhuskyjp
YouTube @hungryhuskyjp

おうちで海外ごはん＆お菓子BOOK
世界15か国のとっておきの92レシピ

2024年9月28日　初版発行
2025年4月25日　4版発行

著	ハングリーハスキー
発行者	山下 直久
発行	株式会社KADOKAWA
	〒102-8177　東京都千代田区富士見2-13-3
電話	0570-002-301(ナビダイヤル)
印刷所	TOPPANクロレ株式会社
製本所	TOPPANクロレ株式会社

本書の無断複製(コピー、スキャン、デジタル化等)並びに無断複製物の譲渡および配信は、著作権法上での例外を除き禁じられています。
また、本書を代行業者等の第三者に依頼して複製する行為は、
たとえ個人や家庭内での利用であっても一切認められておりません。

●お問い合わせ
https://www.kadokawa.co.jp/ (「お問い合わせ」へお進みください)
※内容によっては、お答えできない場合があります。
※サポートは日本国内のみとさせていただきます。
※Japanese text only

定価はカバーに表示してあります。

©Hungry Husky 2024 Printed in Japan
ISBN978-4-04-607105-7 C0077